Lieblingsplätze

auf Rügen und Hiddensee

Lieblingsplätze

auf Rügen und Hiddensee

GMEINER

FRANK MEIEREWERT

Autor und Verlag haben alle Informationen geprüft. Gleichwohl ändern sich Gegebenheiten, daher erfolgen alle Angaben ohne Gewähr. Möchten Sie ein Feedback geben, freuen sich Autor und Verlag: lieblingsplaetze@gmeiner-verlag.de

Aus Gründen der Lesbarkeit und Sprachästhetik wird in diesem Buch das generische Maskulinum verwendet. Mit der grammatischen Form sind ausdrücklich weibliche sowie alle anderen Geschlechtsidentitäten mit berücksichtigt, insofern dies durch die Aussage geboten ist.

Sofern nicht im Folgenden gelistet, stammen alle Bilder von Frank Meierewert: Rolf Reinicke 12, 20, 30, 62, 102, 104, 108, 110, 122, 130, 146, 164, 172, 178, 184; Dirk Meierewert 26, 56; Sylvia Vandermeer 28, 32, 48, 58, 74, 96, 98, 142, 158, 186; Nero Kindermann 38; Naturerbezentrum Rügen 82; Rico Nestmann 92, 138

QR-Code einscannen und kostenloses E-Book anfordern.

Besuchen Sie uns im Internet:
www.gmeiner-verlag.de

1., überarbeitete Neuausgabe 2023

Im Ehnried 5, 88605 Meßkirch
Telefon 07575/2095-0
info@gmeiner-verlag.de

Lektorat/Redaktion: Anja Kästle
Herstellung: Julia Franze
Bildbearbeitung/Umschlaggestaltung: Susanne Lutz
unter Verwendung der Illustrationen von © Mtys, dunnet, eyewave, jan stopka, SimpleLine – stock.adobe.com; © Susanne Lutz
Druck: AZ Druck und Datentechnik GmbH, Kempten
Printed in Germany
ISBN 978-3-8392-0384-2

INSEL RÜGEN

INSEL HIDDENSEE

HANSESTADT STRALSUND

ich bin die Insel Rügen. Einige Tausend Jahre ist es her, dass ich geboren wurde. Zuerst bestand ich nur aus Inselkernen und Erhebungen, die aus dem Meer ragten. Langsam bildeten sich zwischen ihnen durch Ablagerung sogenannte Nehrungen, die sich irgendwann so weit verfestigten, dass sich Pflanzen und Tiere auf mir niederließen. Später kamen Menschen hinzu, die gelernt hatten, mit Booten übers Wasser zu fahren. Sie lebten auf mir, betrieben Ackerbau und Fischfang, was sich viele Jahrhunderte lang nicht ändern sollte.

In dieser Zeit stritten mehrere Länder und deren Regierungen um mich. Zuerst siedelten die Ranen, ein Slawenstamm aus dem Osten, auf mir. Dann, in Verbindung mit der Christianisierung, erschienen die Dänen. Ihnen folgten die Schweden und denen wiederum die Preußen. Den einfachen Menschen auf Rügen – ganz wichtig, es heißt »auf« und nicht »in« Rügen – war das ziemlich egal. Sie bestellten weiter die kargen Böden und fingen zweimal im Jahr den Hering, der zum Laichen an die Küste kam. Sie gaben ihm den Namen »Brotfisch«, weil er das Überleben ihrer Familien sicherte.

Ende des 19. Jahrhunderts reichte den Preußen im fernen Berlin die Sommerfrische am Wannsee nicht mehr, jetzt wollten sie an die Ostsee. Die Idee für den Seebäderverkehr war geboren und für die Insulaner erschloss sich eine neue Einnahmequelle. Villen wurden gebaut, Strandkabinen aufgestellt, und bald tummelten sich Bade- und Sonnenhungrige an meinen Stränden.

Einigen gefiel es hier so gut, dass sie beschlossen, für immer zu bleiben. Das brachte die Ortsansässigen dazu, zwei Kategorien von Inselbewohnern zu kreieren. Erstens: der Rüganer. Er ist der wahre, der waschechte Insulaner, der nachweislich seit drei Generationen auf der Insel lebt, hier geboren wurde und dem es im Traum nicht einfallen würde, von hier wegzugehen. (Und wenn doch, kommt er so schnell wie möglich zu mir zurück.) Zweitens: der Rügener. Er ist zugezogen, hat hier aus beruflichen Gründen oder wegen der Liebe seine Zelte aufgeschlagen oder er wurde hier geboren und hat die Dreigenerationenhürde nicht genommen. Als Drittes gibt es natürlich noch den Urlauber. Er verbringt seine kostbarsten Tage im Jahr bei mir. Ich darf Ihnen verraten, egal ob Rüganer, Rügener oder Urlauber, ich mag sie alle.

Als größte Insel Deutschlands mit 926 Quadratkilometern und über 500 Kilometer Küstenlinie gebe ich mir viel Mühe, zu gefallen. Man findet auf mir beinahe alles, was das Herz begehrt: malerische Strände und das Meer; geheimnisvolle Buchenwälder und Hügelgräber; eine sagenumwobene Kreideküste und den Rasenden Roland; Leuchttürme und Kirchen; Museen und eine Freilichtbühne, auf der von den Abenteuern des Piraten Klaus Störtebekers berichtet wird.

Natürlich verbringen nicht nur die Urlauber, sondern auch die Insulaner ihre Tage gerne am Strand. Letztere jedoch, wenn möglich, an einsamen und weniger stark frequentierten Plätzen, die häufig nur mit dem Fahrrad erreichbar sind. Mein Profil ist nicht so flach und eben, wie Sie denken mögen. Bei mir geht es schon mal richtig den Hügel rauf und wieder runter.

Viele Insulaner sind begeisterte Freizeitkapitäne. Da wird dicht am Wind gesegelt oder mit Motorkraft durch die Wellen gepflügt. Und später ankert man irgendwo im Bodden, angelt ein wenig, grillt und schaut mit der Liebsten nach Sternschnuppen.

Sie schmunzeln? Glauben Sie mir, auf Rügen gehen die Uhren langsamer. Und neigt sich die Saison dem Ende zu, bleiben sie beinahe ganz stehen. Dann kehrt Ruhe ein. Ein Teil der Insulaner schmiedet nun selbst Urlaubspläne; einige verbringen ein paar Tage auf einer anderen Insel und manch einer wagt sich sogar in eine große Stadt oder verreist mit dem Flugzeug. Nach ihrer Rückkehr stellen jedoch alle übereinstimmend fest, dass hinter der großen Rügenbrücke die Welt doch eine andere ist.

Frank Meierewert

INSEL RÜGEN

1

Zickersches Höft
18586 Gager

Taun Hövt
Appartements
und Restaurant
Boddenstraße 61
18586 Mönchgut/
Groß Zicker
038308 5420
www.taun-hoevt.de

DEN HIMMEL MIT DER HAND BERÜHREN

Zickersches Höft

Für meine Frau Sylvia sind die welligen Rasenhügel, die sich unter bunten Trockengraswiesen verstecken, der perfekte Ort, um wieder »runterzukommen«. Hier auf den Hügelkuppen zwischen mannshohen Sanddornbüschen, Föhrenwäldchen und den grasenden Schafen von Schäfer Westphal entschleunigt sich das Leben schlagartig. Die Luft um einen herum ist erfüllt von Blumenduft und Grillenzirpen. Wolken segeln wie Schiffe über den endlos blauen Himmel und Sperlinge baden vergnügt im Sand. Endlich einmal durchatmen. Vergessen ist die Hektik der Großstadt, das Gewusel in den U-Bahnen, der nächtliche Lärm und das ständige Handyklingeln. Irgendwie sind diese Hügel ein bisschen wie das Ende der Welt.

Vielleicht liegt es daran, dass Groß Zicker eine Halbinsel ist und das beeindruckende Steilufer, das Zickersches Höft, deren Ende bildet. Wer Lust verspürt, kann unterhalb dieses Steilufers entlangwandern, was circa zwei bis drei Stunden dauert. Es gibt aber auch eine Abkürzung: Ungefähr auf der Hälfte der Strecke, am Nonnenloch, führt eine Treppe vom Strand weg zurück in Richtung Groß Zicker. Nutzen Sie diesen Weg, verpassen Sie jedoch eine botanische Seltenheit, die Wildapfelbäume am Strand von Gager. Entschädigt werden Sie dafür mit der Vielfalt an Blumen und Kräutern, die es auf den Trockenwiesen zu entdecken gibt. Ob Schwalbenwurz, Schlüsselblume, Steinbrech oder Wachtelweizen, sie alle wachsen hier und verdanken ihr Dasein unter anderem dem Rauwolligen Pommerschen Landschaf. Durch die kontinuierliche Beweidung bewahren die Schafe die Rasenflächen vor der Ausbreitung von unerwünschtem Strauchwerk.

Meine Frau sitzt im Gras, streckt sich und schaut ein letztes Mal auf Gager hinab. Der Wind ist aufgefrischt und beugt die Gräser. In der Ferne werden auf einem Boot die Segel gerefft, um in den nahen Hafen einzulaufen. Wie schnell der Tag vergangen ist.

Nach der Wanderung zum Stärken ins Restaurant *Taun Hövt*. Besonders lecker: Milchreis mit Zucker und Zimt.

2

Pfarrwitwenhaus
Boddenstraße 35
18586 Groß Zicker

Veranstaltungstermine erfahren Sie im **Evangelischen Pfarramt**
Boddenstraße 21
18586 Groß Zicker
038308 8248
www.kirche-auf-moenchgut.de

VON LEHM UND VERGÄNGLICHKEIT

Pfarrwitwenhaus

Neulich las ich in der Zeitung, dass Lehm als günstiger Baustoff wieder stark im Kommen sei. Natürlich dachte ich bei Lehmbauten zuerst an die heißen und trockenen Gebiete der Erde.

Aber auch in unseren Breiten weiß man seit Langem um deren Vorzüge. So gilt unter anderem das Raumklima in Lehmhäusern als sehr angenehm. Dass darüber hinaus dieser Baustoff auch hier Bestand hat, zeigt das 1720 als soziale Einrichtung errichtete Pfarrwitwenhaus in Groß Zicker. Verstarb ein Pfarrer, wurde dessen mittellose Witwe hier untergebracht und mit dem Notwendigsten versorgt.

Dieses Pfarrwitwenhaus ist ein niederdeutsches Hallenhaus aus Holz, Stroh, Schilf und Lehm. Im Grundriss des Gebäudes vereinigen sich alle Funktionen des bäuerlichen Lebens. Neugierig betrete ich es durch die »Grote Dör« und befinde mich sofort in der Diele, auch Halle genannt, dem Arbeits- und Wirtschaftsraum. Deutlich erkennbar ist die Holzbalkenkonstruktion, die das Haus stützt, und gleichzeitig, durch die Abstände der Balken, die Größe der einzelnen Räumlichkeiten bestimmt. Im vorderen Teil reihen sich linker Hand Koben aneinander, die als Tierställe dienten. Daran schließen sich im hinteren Teil des Hauses die gute Stube, die Küche mit Ofen und Kamin und der Schlafraum an. Rundherum sind die Wände aus Lehm, alle etwas krumm und schief und weiß gekalkt. Über meinem Kopf lagern unter dem spitz zulaufenden Schilfdach Netzwerk und Reusenstangen, Anker und Zaumzeug.

Das Haus, so erfahre ich, wurde bis 1984 bewohnt und in allen Bereichen genutzt. Meine anfängliche Begeisterung für Lehm ist verflogen. Sicher hat man heute andere Möglichkeiten, diesen Werkstoff zu verbauen – aber Lehm hat auch Grenzen. Denn zivilisatorisch verhätschelt, soviel wird mir klar, hänge ich doch sehr an meiner Fußbodenheizung, an elektrischem Licht und guter Wärmedämmung.

Regelmäßig finden im Sommer im Pfarrwitwenhaus Ausstellungen (Kunst und Handwerk) und Abendveranstaltungen (Vorträge und Lesungen) statt.

8

Kirche Groß Zicker
Boddenstraße 14a
18586 Groß Zicker
www.kirche-auf-moenchgut.de

KLEINOD DER BACKSTEINGOTIK

Kirche

Pastor Olav Metz begrüßt mich vor dem Pfarrhaus in Groß Zicker. Er ist der »Hausherr« der kleinen Dorfkirche unweit des Boddens. Aus rotem Backstein ist sie, frühgotisch und ganz nebenbei das älteste Bauwerk auf Mönchgut. Zu verdanken ist dieses Kleinod der Backsteingotik den Zisterziensermönchen aus dem Kloster Elderna bei Greifswald, die im Jahre 1360 den südlichen Teil von Mönchgut erwarben.

Durch einen kleinen Vorraum betrete ich die Kirche. Ein schmaler Gang führt über den unebenen Boden zum Altar. Rechts und links warten die Kirchenbänke geduldig auf die Gläubigen. Ich nehme Platz und schaue mich um. Über meinem Kopf segelt voller Dankbarkeit ein Votivschiff. Weiter vorn findet ein großer Radleuchter seinen Platz im Kirchenschiff. Er wurde 1868 von den Lotsen gestiftet, welche in der Thiessower Lotsenstation Dienst taten. Ihre Namen sind als Inschriften auf dem Rand verewigt. Der Chorraum ist angenehm schlicht. Ruhe und Frieden finden sind zwei Gedanken, die mir durch den Kopf gehen, während ich hier sitze. Pastor Metz setzt sich neben mich und zeigt mir ein kleines Schächtelchen. Die Ecken sind abgegriffen. Es wurde offenbar häufig benutzt. Als ich es öffne, fällt mein Blick auf zwei Goldringe. Ich nehme einen heraus. »Eigentum der Gemeinde Groß Zicker« ist eingraviert. Eheringe?, frage ich. Pastor Metz nickt. Er entdeckte sie beim Durchschauen alter Kirchenunterlagen. Dass es sie gibt, erklärt er mir, hat mehrere Gründe. Einer war die Armut. Ein anderer die Unfallgefahr, die beim täglichen Umgang mit den Fischernetzen drohte. Deshalb steckte man sie nur während der Trauungszeremonie an. Danach wurden sie wieder in das Schächtelchen zurückgelegt, wo sie auf das nächste Brautpaar warteten.

Besichtigen Sie auch die Kirche in Middelhagen mit dem 1480 geschaffenen spätgotischen Katharinenaltar, der zu den schönsten seiner Zeit zählt.

4

Ausblick vom
Lotsenturm
Lotsenberg 1
18586 Ostseebad
Mönchgut/Thiessow

Tourist-Information Thiessow
Hauptstraße 36
18586 Ostseebad
Mönchgut/Thiessow
038308 66010
www.ostseebad-moenchgut.de

DAS LAND DER STRANDRÄUBER

Lotsenturm in Thiessow

Die Strandräuber von Thiessow waren berüchtigt. Das Leben auf der Halbinsel war hart und die Ernteerträge durch den sandigen Boden übersichtlich. Da war die Ladung eines gestrandeten Schiffes immer willkommen – zumal nach damaliger Gesetzgebung jeder Strandfund dem Finder gehörte. Und kam es vor, dass sich eine Zeit lang kein Schiff in die Untiefen der Insel verirrte, wurde etwas nachgeholfen. Dann loderte das Leuchtfeuer an der falschen Stelle am Strand und der unwissende Kapitän lief auf Grund. Wobei – und das sei an dieser Stelle ausdrücklich erwähnt – in den Chroniken keine Übergriffe auf die Schiffsmannschaften der gestrandeten Schiffe vermerkt wurden.

Trotzdem reichte es der preußischen Regierung im Jahr 1854 mit den Beschwerden der Kaufleute. Sie ließ einen Lotsenturm in Thiessow errichten, von wo aus der Schiffsverkehr überwacht wurde. Die Lotsen dafür wurden extra aus der Ferne herbeigeholt, um bestehende Kontakte zu Einheimischen auszuschließen. Diese Maßnahme zeigte sich nachweislich als sehr erfolgreich, was das Unterbinden des Strandraubs anging. Doch da die Lotsen ledige Männer im Staatsdienst waren, dauerte es nicht lange, bis es zu intensiven Kontakten mit dem weiblichen Teil der einheimischen Bevölkerung kam. Die Resultate kann man in den Kirchenbüchern unter der Rubrik »Heiraten« nachlesen.

Und der Lotsenturm? Heute besitzen die Schiffe computergestützte Navigations- und Satellitenortungssysteme, sodass Lotsen an den Küsten Rügens nicht mehr benötigt werden. Der alte Lotsenturm jedoch wurde von der Gemeinde Thiessow renoviert beziehungsweise neu aufgebaut. Gegen ein geringes Eintrittsgeld können Sie das Drehkreuz am Fuße des Turmes passieren. Für das Treppensteigen werden Sie anschließend mit einem der fantastischsten Weitblicke über die Halbinsel Mönchgut belohnt.

Jeden Dienstag und Donnerstag findet in Thiessow der Rügenmarkt statt, wo Händler regionale Erzeugnisse, Obst und Gemüse sowie Kunstgewerbliches anbieten.

5

Eisverwerfungen am
Thiessower Strand

Strandspaziergang
Startpunkt: Am Deich
Ortseingang
18586 Ostseebad
Mönchgut/Thiessow
Ein 7,5 Kilometer langer Rundweg führt an die schönsten Strandabschnitte und zum Ortsteil Klein Zicker.

WINTER AUF RÜGEN

Spaziergang am Thiessower Strand

Im November 2007 wurde ich zu einem ersten Vorstellungsgespräch nach Rügen eingeladen. Alles lief gut. Aber ehrlich, das Wetter ging gar nicht! Dichter Nebel und Dunkelheit lagen über der Küste, dazu ein feiner Nieselregen, der in jede Pore kroch. Schietwetter, sagen sie hier. Also bat ich meine Frau, mich beim nächsten Mal zu begleiten. Gemeinsam sollte entschieden werden, ob wir auch im Winter hier leben wollen. Denn die Winter sind sehr lang. Aber auch spektakulär. Statistisch gesehen kann Rügen auf 260 Sonnentage im Jahr verweisen. Das heißt, Dank der Wintersonne kann man herrliche Strandspaziergänge unternehmen, zum Beispiel am Thiessower Strand, wo wir sehr gern entlangschlendern.

Für viele Insulaner ist der Winter die schönste Zeit im Jahr. Alles läuft langsamer, bedächtiger. Man genießt die Stille, die über den verschneiten Ebenen, über den Wäldern und den zugefrorenen Seen schwebt. Eine Stille, die erdet und zum Ursprung zurückführt. Natürlich kommt irgendwann mit dem Wind aus Ost die Kälte und taucht die Abenddämmerung in ein blaues, frostiges Licht. Das Eis erobert zunehmend die See und bald wird in den Nachrichten bekannt gegeben, dass der Fährbetrieb nach Hiddensee eingestellt wird. Währenddessen fotografieren wir die Eiszapfen an den Fischerbooten im Thiessower Hafen und warten auf die Nachricht des Winters, die auch den Thiessower Strand in die Schlagzeilen bringt – die Eisverwerfungen. Schon Caspar David Friedrich inspirierten sie zu seinem Bild »Das Eismeer«, und auch für uns ist dieser Anblick immer wieder faszinierend. Unbegreifbar die Kraft, die in der Lage ist, Eisschollen in diesen Ausmaßen zu brechen und meterhoch übereinander aufzutürmen. Abschließend kann ich sagen, dass wir den Anblick nie als Gleichnis für eine gescheiterte Hoffnung empfanden, sondern vielmehr als Naturerlebnis und Attraktion während eines wunderschönen Inselwinters.

Mehr über Caspar David Friedrich, seine eindrucksvollen Bilder und Weggefährten können Sie im Pommerschen Landesmuseum in Greifswald erfahren.

FKK-Strand
Parkmöglichkeit
Göhrener Weg 3A
18586 Ostseebad
Mönchgut/Lobbe

Tourist-Information Middelhagen
Dorfstraße 4
18586 Ostseebad
Mönchgut/Middelhagen
038308 66010
www.ostseebad-moenchgut.de

NACKT HINTERM WINDFANG

FKK-Strand bei Lobbe

Mit dem Begriff »Freikörperkultur« wird eine gemeinschaftliche Nacktheit bezeichnet, die meistens in der Natur stattfindet. Das Motiv dabei ist die Freude am Naturerlebnis und am Nacktsein an sich, ohne Bezug zur Sexualität. Was mich betrifft, bin ich mit besagter Form ungezwungener Nacktheit in der DDR groß geworden. Noch heute gehen meine Frau und ich nackt baden, und jedes Mal genießen wir das Gefühl, eins zu werden mit den Elementen. Bevorzugt am Strand von Lobbe. Endlos zieht sich hier der feine Sandstrand bis hinunter nach Thiessow, wo FKK-Fans und Textilbader friedlich nebeneinander liegen.

Einen entspannten Umgang mit Nacktheit demonstrierte auch das DDR-Fernsehen in seiner Sendung »Außenseiter Spitzenreiter«, als sich Hans-Joachim Wolle, nur mit seinem Tonbandgerät »bekleidet«, am FKK-Strand nach den gängigen Benimmregeln erkundigte.

Aber das war nicht immer so. In den 50er-Jahren gab es wiederholt Konflikte zwischen bekleideten und unbekleideten Badegästen. Besonders der damalige Kulturminister der DDR, Johannes R. Becher, echauffierte sich regelmäßig über am Ostseestrand herumliegende Nackte. Am Ende mündeten die Streitigkeiten in ein Nacktbadeverbot, welches jedoch nach anhaltenden Protesten der Bevölkerung 1956 zurückgenommen werden musste. Der neu geschaffenen »Anordnung zur Regelung des Freibadwesens« nach war öffentliches Nacktbaden nun in dafür ausgewiesenen Zonen gestattet. Bis heute finden Sie auf den Schildern an den Strandabgängen einen Hinweis, ob an diesem Strandabschnitt Textil oder FKK gerne gesehen ist.

Leider erlebt Rügen seit der Wende eine neue Welle der Prüderie und Intoleranz gegenüber der Nacktheit. Immer häufiger werden FKK-Abschnitte von attraktiven Strandabschnitten wegverlegt. Es wird wohl Zeit, dass Hans-Joachim Wolle wieder mit seinem Tonband an unseren Stränden auftaucht.

Gegen den kühlen Wind beim Sonnenbaden hilft ein Windfang. Angeboten wird von bunt bedruckten Stoffbahnen mit Holzstecken bis zum Faltzelt alles.

7

Schulmuseum Middelhagen
Dorfstraße 23
Parkplatz: Dorfstraße 4
18586 Ostseebad Mönchgut/Middelhagen
038308 2478
www.ostseebad-moenchgut.de
www.ruegen-museen.de

VON STREBERN UND SITZENBLEIBERN

Schulmuseum Middelhagen

Neben der gotischen Klosterkirche steht die ehemalige Schule, ein Lehmfachwerkhaus, in der heute ein Museum untergebracht ist. Pulte, Schiefertafeln und abgegriffene Schulbücher berichten von Generationen von Schülern, die im alten Küsterhaus unterrichtet wurden. Die Einführung eines regelmäßigen Schulunterrichts auf Mönchgut gestaltete sich jedoch in vielerlei Hinsicht schwierig. Zum einen präsentierten sich die Schulen in sehr schlechter Verfassung. Zum anderen kamen die Kinder im Sommer nie und im Winter nur vereinzelt, und das auch noch unregelmäßig. Die Gründe dafür waren bekannt. Es wurde jede Hand auf den Höfen und in der Landwirtschaft gebraucht. Im Winter, bei Frost und Schnee, schafften es die Kinder aus den entlegenen Dörfern manchmal nicht bis in die Küsterschule. Deshalb wurden Nebenschulen eingerichtet, deren Unterricht allerdings stark vom Wohlwollen und Charakter des jeweiligen Küsters abhing. Endlich, im Jahr 1825, wurde auch in Preußen die Schulpflicht eingeführt und ab 1826 fand regelmäßiger Unterricht statt. Den Geistlichen wurde seitens der Regierung die Sorge für Nachhilfe und Fortbildung der Lehrer übertragen. Ob sie auch über die Vergabe von Schulnoten sprachen und darüber, wer versetzt wurde und wer sitzenblieb, ist nicht überliefert.

Aber wissen Sie eigentlich, woher die Begriffe »sitzenbleiben« und »versetzt werden« kommen? In der einklassigen Volksschule (erstes bis achtes Schuljahr) unterrichtete der Lehrer alle Kinder gleichzeitig in einem Klassenzimmer. Die Kleinsten in der ersten Reihe, die Älteren dahinter. Bei der Zeugnisvergabe entschied sich, ob der Schüler in seiner Reihe noch ein weiteres Jahr sitzenbleiben musste oder ob er eine Reihe weiterrücken durfte, also versetzt wurde.

Nehmen Sie an einer historischen Schulstunde teil, um eine telefonische Anmeldung wird gebeten. Treffpunkt ist das Klassenzimmer. Und haben Sie ein sauberes Taschentuch dabei!

8

Villa mit Sonnenhof
Friedrichstraße 8
18586 Ostseebad Göhren
038308 34094
www.villa-mit-sonnenhof.de

KOCHEN MIT KRÄUTERN UND FEINEN SALZEN

Villa mit Sonnenhof

»Allem kann ich widerstehen, nur der Versuchung nicht.« Ein Gedanke, formuliert von Oscar Wilde, mit dem sich Peter Knobloch immer wieder beschäftigt. Und dagegen ist kein Kraut gewachsen. Schon gar kein Kräutlein. Denn die Gewürze sind »schuld«, dass der Starkoch aus Göhren der Versuchung – oder sollte man eher sagen der Verführung? – wieder und wieder erliegt, Neues auszuprobieren, miteinander zu arrangieren. Es sind ihre Gerüche, Aromen, Wirkstoffe und ätherischen Öle, die Peter Knobloch zu immer neuer Kreativität inspirieren und am Ende Erstaunen und Glückseligkeit auf die Gesichter seiner Gäste zaubern.

Darum wählt er sorgfältig aus, welche Kräuter er verwendet. Frisch müssen sie sein, wild und zart. Am besten von eigener Hand gepflückt inmitten der erwachenden Natur. Und so ist es auch verständlich, dass Peter Knobloch am Rand des Schlossparks zu Putbus eigens ein Areal gepachtet hat, um dort Wilden Knoblauch (Bärlauch) zu ernten. Für Peter Knobloch sind Wildkräuter die perfekten Verbündeten, wenn es darum geht, den Eigengeschmack von Fisch, Fleisch, Gemüse, Pasta, Käse und Backwaren zu unterstützen und zu verstärken. Sein persönliches Geheimnis dabei: Nur ein maßvoller Umgang bringt am Ende den wahren Genuss.

Diesem Credo bleibt der Küchenmeister auch in der hauseigenen Manufaktur treu. Hier werden inzwischen über 150 kleine Köstlichkeiten aus Pflanzen hergestellt. Darunter Salze, Gewürzmischungen, Blüten- und Fruchtessige, Kräuter- und Gewürzöle, Gelees, Kräutermischungen, Soßenkonzentrate und vieles mehr zum Mitnehmen für die eigene Küche. Selbstverständlich zaubert Peter Knobloch auch gerne für Sie in seiner offenen Küche sein Kräutermenü in acht Gängen. Sie müssen sich dafür nur ein Wochenende aussuchen und sich rechtzeitig anmelden. Fünfmal jährlich lädt der Starkoch zudem zum Mitkochen in seiner Kochschule ein.

Mein kulinarischer Tipp: Boddenzander »kross« auf der Haut gebraten mit Kürbissenf, Blatt und Wurzel von der Petersilie.

9

Heimatmuseum Göhren
Strandstraße 1
18586 Ostseebad Göhren
038308 2175
www.foerderverein-moenchguter-museen.de

Ein Leben für Mönchgut

Heimatmuseum

An diesem Vormittag führt ein Mitarbeiter der Museumsverwaltung Besucher durch die Ausstellungen des Heimatmuseums. Immer wieder lädt er die Gäste ein, anhand der Exponate Brauchtum und Lebensweise auf der Halbinsel Mönchgut, durch die Zeit hindurch, nachzuempfinden.

Hinterher verrät er mir, dass Ruth Bahls, die Museumsgründerin, eine lebendige und anschauliche Wissensvermittlung über die Region sehr am Herzen lag. In Göhren geboren, fühlte sie sich zeitlebens Mönchgut und den Menschen hier, die sie selbst als »steinpöttig« (stur), hilfsbereit und gastfreundlich charakterisierte, verbunden. Schon in ihrer Abschlussarbeit zum Lehramt an Volksschulen 1933 untersuchte sie den Einfluss des aufblühenden Badebetriebes auf die Region und stellte fest, »dass die Abgeschlossenheit des Mönchguter Ländchens ihr Ende findet, und damit Sitte, Tracht und Brauchtum der Alten mehr und mehr verschwindet. (…) Die Untersuchung zeigt mit aller Deutlichkeit den gleichmachenden Einfluss der modernen Zeit, die das Ende der volklichen Eigenart der Mönchguter bedeutet.« Durch diese Erfahrung geprägt, wünschte sich Ruth Bahls einen Ort, der es zukünftig ermöglichte, einen Blick in die Räume einer Fischerkate am Ende des 19. Jahrhunderts werfen zu können. Mit allem, was dazugehört. Vor allem authentisch und von der kargen Lebensweise der Mönchguter erzählend. Die dafür benötigten Exponate sammelte Ruth Bahls selbst. Manche Eltern dachten vielleicht, wenn sie ein besonders wertvolles Stück spendeten, könnten sie die Noten ihrer Kinder aufbessern. Der Mitarbeiter lacht. Aber nicht mit Fräulein Bahls! Ihr Leitspruch lautete: »Ihr müsst es euch aufschreiben. Das braucht ihr alles später einmal.« Und wenn es, wie bei Ruth Bahls, dazu diente, die Vergangenheit erfahrbar und lebendig zu erhalten.

Vieles dreht sich auf Mönchgut um die Küstenfischerei. Besuchen Sie doch einmal das Museumsschiff Luise und nehmen Sie an einer Knotenschule teil.

10

Fischerstrand Baabe
Strandabgang
Fischerstrand
18586 Ostseebad Baabe
www.baabe.de

Wenn der Hering zieht

Fischerstrand

Ein neuer Tag sickert als schmaler Lichtstreif durch den bleigrauen Himmel. Es bläst ein eisiger Ostwind, das Meer ist unruhig – »kabbelig« sagt man hier. Die Männer der Fischerkompanie in ihrem wasserdichten Ölzeug winken ab: Höchstens Windstärke vier. Kein Grund, nicht hinauszufahren. Sie kennen ihre Braut, die Ostsee. Küstenfischerei hat hier eine lange Tradition.

Anfang April, wenn die Netze gestellt werden, ist die See meistens ungehalten. Nicht selten toben Frühjahrsstürme, dann warten die Fischer geduldig. Seit Generationen zieht der Hering im Frühjahr zum Laichen in die flachen Gewässer rund um Rügen.

Früher wurde zu Beginn der Vorsaison, wenn Tisch und Bett noch leer waren, die Ankunft des Herings sehnlichst erwartet. Der Brotfisch, wie er auch genannt wird, beendete die Zeit des Darbens nach den langen Wintermonaten. Teilweise ist dies auch heute noch so. Dem Wunsch nach der Konservierung des Herings ist eine Vielzahl an Rezepten zu verdanken: den Brathering, geräucherten oder gepökelten Hering, Matjes, Rollmops oder Bismarckhering.

Die preußische Regierung in Berlin erkannte, dass die Salzkonservierung für den Verkauf und Weitertransport der Heringe essenziell wichtig war. Also erhob sie auf die Nutzung der Salzhäuser an den Ostseestränden Steuern. Die Fischer auf Mönchgut umgingen geschickt den Erlass, indem sie ihre Salzhäuser (Solthus) an die Binnengewässer verlegten. Dem frisch gepökelten Hering war es egal, von wo aus er nach Greifswald und Stralsund verschifft wurde.

Die Männer ziehen zwei Boote über den Strand. Möwen, die bisher dösend im Sand hockten, sind plötzlich hellwach. In den nächsten Stunden werden die Fischer alle Hände voll zu tun haben. Ihr Überleben hängt heute nicht mehr allein vom Fangertrag ab, eher von den Fangquotenregelungen, die aus dem fernen Brüssel diktiert werden.

In der Fangsaison können Sie morgens, in der Regel ab 7 Uhr, am Fischerstrand im Ostseebad Baabe frischen Fisch erwerben. Solange der Vorrat reicht …

11

Restaurant Zum Fischer
Bollwerkstraße 6
18586 Ostseebad Baabe
038303 86428
www.zumfischer.de

Ein Leben für das Meer

Restaurant Zum Fischer

Heute gibt es am Außenstrand von Baabe nur mehr drei Berufsfischer. Einer von ihnen ist Roberto Brandt. Da er vom Fischfang nicht leben kann, vermietet er Strandkörbe und betreibt ein kleines Restaurant. Die beinahe unscheinbare Gaststätte befindet sich, wie sollte es anders sein, unweit des Küstenfischermuseums und gleich neben dem Heideberg.

Jedes Jahr zum Baaber Reusenfest wird von den Männern der Fischerkompanie, deren Leiter Roberto Brandt ist, die alte Heringsreuse im Kurpark aufgezogen. Mehrere Meter hoch ragt sie in den Himmel, aufgehängt und gut vertäut an Buchenstämmen von beeindruckender Größe. Nach der Taufe, standesgemäß mit Pommern-Korn, erhält sie ihren Namen. Neugierigen ist es sogar erlaubt, durch die einzelnen Kammern zu gehen, um das Funktionsprinzip der Reuse zu erfahren.

Roberto Brandt, erklärt, dass die Fischer sich schon vor Generationen zusammengetan haben, um die Reusen zu setzen, denn allein können die schweren Netze nicht gezogen oder eingeholt werden. Er selbst ist seit 1976 als Küstenfischer in Baabe tätig. Mit der politischen Wende 1989 und dem Wegbrechen fester Ankaufspreise begann das Fischersterben auf Mönchgut. Viele Fischer gingen nach Sassnitz, auf größere Boote oder wechselten den Beruf. Er selbst eröffnete, wie eingangs erwähnt, ein Restaurant. Hier werden noch heute die Stellnetze zum Trocknen ausgelegt und schadhafte Stellen geflickt. Es sind bei Weitem nicht so viele wie früher, denn die Baumwolle wurde längst durch die Kunstfaser Perlon ersetzt. Dass Brandts Restaurant nicht nur »Zum Fischer« heißt, sondern auch einem Fischer gehört, bringt dem Gast so manchen Vorteil. Unter anderem diesen, dass der Fisch morgens frisch aus dem Meer kommt und abends frisch zubereitet auf dem Teller liegt. Natürlich abhängig davon, welche Fangsaison gerade ist und ob der Wunschfisch auch ins Netz geht.

Am Deich befindet sich das Herzogsgrab, eine jungsteinzeitliche Megalithanlage, in der Gräber und Beigaben gefunden wurden. Führungen gibt's in der Saison.

12

Am Bollwerk
Bollwerkstraße 1
18586 Ostseebad Baabe

Fischkutter Lütt Matten
Werner Wanitschke
Bollwerkstraße 1B
18586 Ostseebad Baabe
01511 1977148
www.fischkutter-luett-matten.de

VON FISCHBRÖTCHEN UND FÄHRMÄNNERN

Am Bollwerk

Seit Kurzem »segelt« im Windschatten des Hotels Solthus ein alter Rügener Fischkutter mit, der von Werner Wanitschke zum attraktiven Hafenimbiss *Lütt Matten* umgestaltet wurde. Besondere Aufmerksamkeit verdienen die Fischbrötchen, die vor Frische krachen, wenn man hineinbeißt. Mit mild würzigen Zwiebelringen und Bismarck oder Matjes, der so schmeckt, als wäre er gerade Mutters Einlegefass entnommen worden. Mag sein, dass die Kilometer, die wir mit dem Rad auf dem neuen Radweg zwischen Baabe und Alt Reddevitz zurückgelegt haben, an unserem zügellosen Appetit nicht ganz unschuldig sind.

Doch eines ist klar: Bevor wir die nächste Teilstrecke unter die Räder nehmen, kommt uns eine Rast am neu gestalteten Baaber Bollwerk gerade recht. Übrigens ist das alte Bohlenwerk kaum wiederzuerkennen. Neben dem modernen Anlegeplatz für Fahrgastschiffe stehen jetzt für Bootstouristen, die sich dem Ostseebad vom Wasser aus nähern, 25 neue adaptierte Liegeplätze zur Verfügung.

Aber auch lieb gewonnene Traditionen werden gepflegt. Seit 1891 verkehrt eine von Hand betriebene Ruderbootfähre über die Baaber Bek vom Ostseebad Baabe hinüber nach Moritzdorf. Nur 50 Meter lang ist diese Strecke und somit ist sie die kürzeste Fährverbindung Europas. Vorwiegend Radfahrer wie wir nutzen die Dienste von Herrn Strandmann, um hier gegen ein geringes Entgelt überzusetzen.

Dafür ersparen wir uns einen Umweg von beinahe acht Kilometern, der uns rund um den Selliner See führen würde, um nach Seedorf zu gelangen. Da warten wir auch gern, bis wir zwei der 15 Plätze im Boot ergattern können. Und sollte sich bereits eine längere Schlange am Fährsteg gebildet haben, bestelle ich mir erst einmal ein Fischbrötchen. So viel Zeit findet sich immer!

Mit der Weißen Flotte eine Minikreuzfahrt machen, vom Baaber Bollwerk nach Lauterbach, über die Rügenschen Bodden und vorbei an der Insel Vilm.

13

Kolonial-Stübchen
August-Bebel-Straße 5
18586 Ostseebad Sellin
038303 958029
www.kolonialstuebchen.de

IN DER WEITEN WELT ZU HAUSE

Kolonial-Stübchen

Im März 1994 besuchten meine Frau Sylvia und ich die Insel Sri Lanka im Indischen Ozean. Wir hatten uns einen Wagen mit Fahrer gemietet, um in den nächsten Wochen unabhängig und abseits der Touristenwege das Land zu erkunden. Dabei lernten wir einen holländischen Architekten kennen, der an den Berghängen von Kandy ein Haus besaß. Wir kamen ins Gespräch und abends, als die Dämmerung ins Tal kroch und im Buddha-Heiligtum von Kandy die Fackeln entzündet wurden, aßen wir gemeinsam und tranken köstlichen Tee.

Leider vergaßen wir, unseren Gastgeber nach der Rezeptur zu fragen. Wieder daheim suchten wir danach vergebens. Am Ende sollten über 20 Jahre vergehen, bis einige hölzerne Teekisten aus Ceylon, die plötzlich auf der Terrasse eines Ecklokals vor uns standen, noch einmal unsere Hoffnung weckten. »Kolonial-Stübchen« stand auf einem Schild.

Leise Musik empfing uns. Umgeben von ausgewählten indischen und indonesischen Möbeln fühlten wir uns sofort in die Berge von Kandy zurückversetzt. Die Wände und Tische hier zierten Stoffe mit den uns vertrauten Motiven und Farben. Der Duft von Tee, Kaffee und Kuchen lud zum Verweilen ein. Der eigentliche Verkaufsraum befand sich im Untergeschoss, wo goldfarbene Öle in bauchige Flaschen abgefüllt wurden und frische Gewürze sowie mediterrane Leckereien auf ihre Entdecker warteten. Darüber hinaus lockten 25 Kaffeesorten, 300 Tees, Whiskys, Pralinen und Trinkschokoladen aus aller Welt.

Dank Mario Böhm und Andreas Lüdke fanden wir im Kolonial-Stübchen nicht nur einen Rückzugsort, um unseren Reiseerinnerungen nachzuhängen, sondern auch endlich die richtige Teerezeptur. Aber genau genommen, so erfuhren wir dort, war es gar kein Tee, sondern eine indische Gewürzmischung. Und was soll ich Ihnen sagen? Sie schmeckt noch immer köstlich!

Wenn Sie einmal auf besondere Art und Weise in den Tag starten wollen, wählen Sie das Kolonial-Stübchen-Frühstück.

14

Seebrücke Sellin
Seebrücke 1
18586 Ostseebad Sellin
038303 929600
www.seebrueckesellin.de

IM ZEICHEN DER GOLDENEN ZWANZIGER

Seebrücke

Unbestritten ist die Seebrücke seit dem 2. April 1998 das Wahrzeichen Sellins. Denn seit diesem Tag erstrahlt sie im Glanz ihrer neu errichteten Schönheit. Und zu Recht bereitet es dem Betrachter Gänsehaut, wenn er von oben, vom Rand der Steilküste aus 40 Metern Höhe, einen Blick auf das schneeweiße, dem Bäderstil nachempfundenen Ensemble wirft.

Um die 394 Meter lange Seebrücke aus der Nähe ansehen zu können, kann man einen Lift nutzen, der das Steilufer mit dem Strand verbindet. Oder man steigt eine Treppe hinunter. Sie wird von den Einheimischen augenzwinkernd »Himmelstreppe« genannt, was wohl daran liegt, dass ihre 99 Stufen schmal und der Auf- beziehungsweise Abstieg lang und steil ist. Doch egal, für welche Variante Sie sich entscheiden, am Ende stehen Sie auf einer Seebrücke, wie sie nur drei Mal in Deutschland zu finden ist. Ihr Alleinstellungsmerkmal? Im Seebrückengebäude ist ein Restaurant untergebracht, welches die Gäste mit seinem außergewöhnlichen Ambiente verzaubert. Hier auf der Selliner Seebrücke erwartet den Besucher der besondere Charme der 20er-Jahre. Links vom Eingang, im vom Licht durchfluteten Palmengarten, werden auf zwei Etagen die köstlichen Kreationen von Küchenchef Martin König serviert. Gegenüber, im Kaiserpavillon, machen die vielen liebevoll gestalteten Details deutlich, dass die Brücke aufwendig nach historischen Vorbildern wiederaufgebaut wurde. Selbstverständlich können Sie auch in diesem Teil des Restaurants aus dem vorzüglichen Speiseangebot wählen. Und vielleicht geht es Ihnen beim Essen genauso wie mir. Beim Blick durch die großen Fenster hinaus aufs Meer und auf die Schiffe, die am Anleger festmachen, fühlt man sich ein wenig wie auf einer Kreuzfahrt, als ob man an Bord eines dieser alten Ozeanliner wäre.

Starten Sie Ihre Besichtigungstour am Anfang der Wilhelmstraße und erleben Sie auf Ihrem Weg zur Seebrücke die beeindruckenden Bädervillen.

15
Bernsteinmuseum Sellin
Granitzer Straße 43
18586 Ostseebad Sellin
038303 87279
www.bernsteinmuseum-sellin.de

DAS GOLD DES MEERES

Bernsteinmuseum

Seit drei Tagen weht ein rauer auflandiger Nordost, der mit voller Wucht auf die Küste trifft. Die Einheimischen nennen diesen Sturm Bernsteinwind, denn nur er bringt das begehrte Gold des Meeres mit. Doch zuerst muss das Meer zur Ruhe kommen, der Sturm abklingen. Dann findet man mit etwas Glück zwischen Holzstückchen, Seetang, Kiefernzapfen und Miesmuschelschalen den einen oder anderen Bernstein. Aber ist Bernstein wirklich ein Edelstein? Leider nicht, erfahren wir von Goldschmiedemeister Jürgen Kintzel, dem Gründer des Bernsteinmuseums in Sellin. Bernstein ist überhaupt kein Stein, sondern das versteinerte Harz eines heute ausgestorbenen Nadelbaumes, der vor 35 bis 55 Millionen Jahren in den damals subtropischen Wäldern Mitteleuropas wuchs. Das dünnflüssige Harz tropfte zu Boden und wurde dort konserviert. Die Meere breiteten sich aus, überfluteten teilweise die Böden und nahmen den Bernstein mit sich. Durch den Sturm vom Meeresboden emporgewirbelt, schwebt er im Wasser umher, bis er am Spülsaum des Strandes abgelegt wird.

Jürgen Kintzel führt uns zu einer Glasvitrine und zeigt uns Bernsteine mit Einschlüssen, sogenannte Inklusen. Meistens sind es Insekten wie Mücken und Fliegen und oftmals auch Pflanzenteile. Sie wurden vom herabtropfenden Harz mitgerissen und eingeschlossen.

Aber wie kommt ein Goldschmiedemeister dazu, ein Bernsteinmuseum zu eröffnen? Über die tägliche Arbeit, erfahre ich. Bernsteinschmuck erfreue sich nach wie vor großer Beliebtheit und selbstverständlich wollen die Leute beim Kauf alles darüber wissen. Vor allem, wo man ihn findet, wie man ihn erkennt, wie er bearbeitet wird und was das größte Stück war, das auf Rügen je gefunden wurde. Bei so viel Interesse für das Gold des Meeres war es naheliegend, ein Museum zu eröffnen, um alle Fragen ausreichend zu beantworten.

Auf der Seebrücke in Sellin gibt es eine Tauchglocke. Mit ihrer Hilfe kann man zwar keinen Bernstein finden, aber die Tiefen der Ostsee kennenlernen.

16

Radtour Seedorf–Lauterbach
Startpunkt: Brücke Seedorf
18586 Ostseebad Sellin

Tour d'Allée Rügen e.V.
Wiesengrund 73
18528 Zirkow
www.tda-ruegen.de

AUF DEM OSTSEEKÜSTENRADWEG

Mit dem Fahrrad von Seedorf nach Lauterbach

Der Insulaner liebt sein Fahrrad. Es ist immer wieder erstaunlich, dass er es bei jedem Wetter aus dem Schuppen holt und sich mit einer Entschlossenheit gegen den Wind stemmt, die mir Respekt abverlangt. Auch mit dem Alter braucht man nicht zu kommen. Wenn die Damen und Herren der Baaber Heidesänger schwungvoll zur Chorprobe heranrollen, wird jede diesbezügliche Ausrede komplett ad absurdum geführt.

Ganz klar, dass wir uns von der Begeisterung fürs Radfahren haben anstecken lassen. Besonders der Teil des Ostseeküstenradweges von Seedorf über Preetz, Groß Stresow nach Lauterbach hat es uns angetan. Er führt parallel am Rügischen Bodden entlang durch wunderschöne Wiesenlandschaften, auf denen je nach Jahreszeit Löwenzahn, Mohn, Kornblumen oder Kamille blühen. Alte Kopfweiden säumen den Weg und ein jungsteinzeitliches Großsteingrab, *Ziegensteine* genannt, lädt zur Besichtigung ein. Nachdem wir uns in Groß Stresow am Kiosk gestärkt haben, spazieren wir durch das malerische Dörfchen. In den Vorgärten der mit Ried gedeckten Häuschen wachsen Stockrosen in den Himmel. Nebenan hat ein Schwung Zicklein den Weg in einen Bauerngarten gefunden und verkostet den frischen Kopfsalat. Später am Tag erreichen wir Lauterbach und nehmen den Rasenden Roland zurück nach Binz.

In den vergangenen Jahren erreichte das Radwegenetz auf der Insel eine Länge von weit über 100 Kilometer. Davon allein 40 Kilometer auf Mönchgut, die so verlaufen, dass die Halbinsel und ihre Sehenswürdigkeiten vom Rad aus entdeckt werden können. Dass der Urlauber dazu nicht unbedingt sein eigenes Fahrrad mitbringen muss, ermöglichen professionelle Fahrradverleiher. Ach ja, und was den Wind angeht, haben mir die Damen und Herren vom Chor folgendes erzählt: Gegenwind formt den Charakter. Na, dann mal los!

Der Radsportverein *Tour d'Allée Rügen e. V.* fördert das Radfahren auf Rügen und organisiert alljährlich die *Tour d'Allée Rügen* als Radsportevent.

17
Ferienpension Seeblick
Neuensien 9a
18586 Ostseebad
Sellin-Neuensien
038303 86597
www.ferienpension-
seeblick.de

Zu Besuch im Auenland

Ferienpension Seeblick in Neuensien

Wenn Peter Jackson J. R. R. Tolkiens Roman *Der Herr der Ringe* nicht schon verfilmt hätte, wäre Neuensien der perfekte Drehort für sein Auenland. Alles hier scheint irgendwie aus der Zeit gefallen zu sein. Gleichmütig schmiegt sich der Neuensiener See an die Wiesenraine. Auf einer Koppel grasen Zwergpferde, gerade so groß, dass ein Hobbit auf ihnen reiten könnte. Eines der Pferdchen packt in diesem Moment der Übermut und jagt auf eine Gruppe Stockenten zu, die dösend am Ufersaum hocken. Schnatternd und mit schnellem Flügelschlag fliegen sie auf. Drehen über unseren Köpfen eine Runde, kreuzen dabei die Silhouette des Jagdschlosses Granitz, das in der Ferne über dem Wald aufragt, und verschwinden schließlich hinter den hohen Pappeln. Wir sitzen im Strandkorb neben der Anlegestelle und trinken einen Aperitif. In wenigen Minuten werden wir an unseren Tisch wechseln und dort den Hauptgang zu uns nehmen. Im Sommer lädt der Gastgarten ein, unter freiem Himmel zu speisen und dabei das zum See abfallende Grundstück, die Obstbäume und die Pferde zu betrachten.

Mein persönlicher Lieblingsplatz in dem kleinen, gemütlichen Restaurant unter der Führung von Familie Glawe ist der Tisch mit der Nummer 5. Er steht unmittelbar vor den großen Fenstern, die, wie in einem Wintergarten, das Gefühl vermitteln, gleichzeitig in einem Zimmer und draußen in der Natur zu sein. Vor allem im Frühjahr und Herbst, wenn die Sonne glutrot über dem See versinkt und sich der Turm des Jagdschlosses wie ein Scherenschnitt vom Abendhimmel abhebt, ist dieser Platz einmalig und zauberhaft. Und so kann man hier im Seeblick nicht nur einen idyllischen Urlaub unterm Rohrdach verbringen, sondern auch hervorragende regionale Küche genießen. Mein kulinarischer Tipp für Sie: Zanderfilet auf Knoblauch-Tomaten-Beet mit Salzkartoffeln.

Folgen Sie der Straße noch ein kleines Stück weiter und statten Sie der malerischen Marina von Seedorf mit ihren Segeljachten einen Besuch ab.

18

Wanderung durch die Granitz
Möglicher Startpunkt:
Parkplatz Jagdschloss Granitz
Süllitz 1
18528 Zirkow

Naturerlebnisverein Rügen e.V.
Zubzow 5a
18569 Trent
038309 20126
www.naturerlebnis-ruegen.de

VON BUSCHWINDRÖSCHEN UND BUCHEN

Mit dem Naturerlebnisverein Rügen durch die Granitz

Die Osterferien sind so etwas wie der inoffizielle Startschuss für die Saison. Ein 14-tägiger Probedurchlauf, in dem Erfahrungen und Routine wieder wachgerufen werden und Neuerungen sich bewähren müssen.

Auch bei Kirsten Wiktor vom Naturerlebnisverein Rügen e.V. liegen nun erste Anfragen für geführte Wanderungen und Exkursionen auf dem Tisch. Denn der gemeinnützige Verein hat sich schwerpunktmäßig der Naturerlebnispädagogik und der Naturschutzarbeit verschrieben. So organisieren sie neben der Projektarbeit mit Kindern und Jugendlichen weiterführende Maßnahmen zum Biotop- und Artenschutz, verbunden mit Datensammlung und -erhebung. Urlaubsgäste kennen den Verein hauptsächlich als Organisator und Begleiter von geführten Wanderungen und botanischen Exkursionen.

Die Reisegruppe, die Frau Wiktor heute von Sellin aus durch die Granitz führt, darf sich über eine botanische Besonderheit freuen – die weißen Blütenteppiche der Buschwindröschen. In den Buchenwäldern Rügens trifft man den Frühblüher von Ende März bis Mitte Mai oft an. Und so verwundert es nicht, erklärt uns Frau Wiktor, dass Buschwindröschen und Buchen beste Freundinnen sind. Denn dieser Baum bietet den Anemonen im Sommer und Herbst Schutz zwischen den Wurzeln und im Winter deckt er sie mit seinem Laub gut zu. Im Frühjahr dann wartet die Buche ab, bis die Buschwindröschen erblüht sind, ehe sie ihr dunkles Blätterwerk ausbildet.

So sind es genau diese unzähligen strahlend weißen Blüten, die den Einzug des Frühlings auf der Insel verkünden. Mit ihnen verabschieden sich endgültig die langen Monate des Frostes und der eisigen Winde. Endlich kann der Norwegerpullover zurück in den Schrank und die Schneeschaufel in die Garage. Von jetzt an zählt nur noch der Sommer!

Nahe der Granitz liegt der Mühlenpark Altensien. Besucher können erleben, wie Getreide früher verarbeitet wurde, und auch beim Brotbacken mithelfen.

19

Zugfahrt mit dem Rasenden Roland
Startpunkt: Kleinbahnhof
Bahnhofstraße
18609 Ostseebad Binz

Rügensche BäderBahn – Rasender Roland
Bahnhofstraße 14
18581 Putbus
038301 884012
www.ruegensche-baederbahn.de

MIT WASSER UND DAMPF ÜBER DIE INSEL

Zugfahrt mit dem *Rasenden Roland*

Als ich nach Rügen kam, besaß ich keinen Führerschein. Das lag vor allem daran, dass ich bis dahin in Städten mit einem großen Angebot an öffentlichen Verkehrsmitteln gewohnt habe. Aber hier? Ja, es fahren von Binz aus Busse. In alle Richtungen. Aber als der Winter Einzug hielt und der Schnee sich zu Verwehungen auftürmte, konnte mir nur einer weiterhelfen: der Rasende Roland. Ich kaufte mir eine Wochenkarte. Da ich oft der einzige Fahrgast war, kannte mich der Schaffner bald. Noch während der Zug am Bahnsteig einfuhr, öffnete er die Tür seines Dienstabteils und rief: »Herr Doktor! Wagen drei ist eingeheizt!« Ein wunderbarer Luxus, bei zehn Grad unter Null und Eiszapfen, die von den Dächern hingen.

Wenn ich hinter mir die Schiebetür schloss und das Innere des Waggons betrat, bullerte zur Begrüßung im Ofen ein Feuer. Ich zog die Jacke aus und hauchte ein Guckloch in die Eisblumen am Fenster. Während der Fahrt las ich und kam mir dabei ein bisschen wie Dr. Schiwago vor. Nur ohne Lara und ohne Klaus Kinski als Begleiter. Ein Blick in die Geschichte verrät, dass der Bau eines umfangreichen Kleinbahnnetzes in den Jahren 1895 bis 1899 den Personen- und Gütertransport auf Rügen erleichterte. Auch zu DDR-Zeiten leistete der Roland wichtige Dienste im Bäderverkehr. Da es kaum Busse und Taxis gab, wurde vor allem die Strecke Binz – Göhren von Touristen stark beansprucht.

Warum der Rasende Roland diesen Namen trägt, lässt sich heute nicht mehr ergründen. Die einen behaupten, es sei eine spöttische Bezeichnung, da der Zug früher wegen der schlechten Kohle nur im Schritttempo fuhr. Andere meinen, Bergleute aus Sachsen hätten ihn so getauft.

Ach ja, obwohl ich inzwischen im Besitz eines Führerscheins bin, liegt der Fahrplan vom Roland immer im Küchenschrank. Der nächste Winter kommt bestimmt!

Ein Kindertraum kann in Erfüllung gehen! Nach vorheriger Anmeldung darf ein Kind in Begleitung eines Elternteils auf dem Führerstand der Lok mitfahren.

20

Katholische Kirche Stella Maris
Klünderberg 2
18609 Ostseebad Binz
www.heiliger-bernhard.de

EIN ORT ZUM WOHLFÜHLEN UND ZUHÖREN

Katholische Kirche Stella Maris

Pfarrer Maximilian Kaller war 25 Jahre alt, als er, gezeichnet von einem schweren Rheumaleiden, 1905 nach Rügen kam. Er blieb zwölf Jahre, baute drei Kirchen und betreute die deutschen Katholiken ebenso wie die polnischen Schnitter, die als Gastarbeiter auf der Insel weilten. Zu Fuß, per Rad und später mit dem Motorrad war er unterwegs.

Der Kaller'schen Tradition verhaftet entschloss man sich Mitte der 20er-Jahre zum Bau einer katholischen Kapelle im aufstrebenden Badeort Binz. Die kleine Kirche, malerisch am Waldessaum der Granitz auf dem Klünderberg gelegen, ist der Stella Maris geweiht, der Gottesmutter, die als Stern des Meeres Gläubigen den Weg weist. Mit Ende des Zweiten Weltkrieges wurde Stella Maris auch zur Quelle geistigen Beistands für zahllose Flüchtlinge aus Ostpreußen, Schlesien und Hinterpommern, die sich nun auf der Insel niederließen. Mit den Jahren erwies sich die Kapelle als zu klein und so wurde der Entschluss gefasst, sie auszubauen. Die Erweiterung ähnelt in ihrer Form einem Wassertropfen und greift nach Aussage des ehemaligen Stella-Maris-Pfarrers Arnd Franke nicht nur das Thema Meer auf, sondern verweist zudem auf die Taufe Christi.

Heute bietet Stella Maris mit den kreisförmig um den Altar ausgerichteten Kirchenbänken Einheimischen sowie Urlaubern ausreichend Platz, den Gottesdienst zu feiern. Besondere Aufmerksamkeit verdient der Kreuzweg. Auf 15 Blattgoldplatten zeigt die bekannte Künstlerin Sylvia Vandermeer die Stationen des Leidenswegs Christi. Dabei schlägt sie einen Bogen zwischen mittelalterlicher Ikonografie und zeitgenössischer Darstellung des Geschehens. Vor allem die abgebildeten Menschen, allesamt heutige Zeitgenossen in Kleidung und Aussehen, erzeugen eine Unmittelbarkeit, die den Betrachter fasziniert, aber auch auffordert, sich zum Glauben und zum Leben zu bekennen.

An Pfingsten findet alljährlich eine Marienwallfahrt von Stella Maris zur Waldkirche Maria Meeresstern in Sellin über den Hochuferwanderweg statt.

21

Hochuferweg
Startpunkt Wanderung:
Waldparkplatz gegenüber
der Katholischen Kirche
Stella Maris
Klünderberg 2
18609 Ostseebad Binz

Binzer Bucht Tourismus Besucherzentrum Haus des Gastes
Heinrich-Heine-Straße 7
18609 Ostseebad Binz
038393 148148
www.binzer-bucht.de

ICH WANDERE JA SO GERNE …

Hochuferweg nach Sellin

»Hochuferweg?«, erwidern unsere Freunde Agnes und Wolfgang aus Wien. »Klingt spannend!« Und ist für sie als erprobte Bergwanderer auch keine wirkliche Herausforderung. Ich drücke jedem zum Abschied eine Flasche Mineralwasser in die Hand. Dann marschieren sie los. Später wollen wir uns in Sellin treffen.

Der Hochuferwanderweg ist ein traumhafter Pfad, der entlang der Küste verläuft, unter Buchen und Traubeneichen hindurch. Immer wieder eröffnen sich spektakuläre Ausblicke auf den Strand und das Meer. Jedoch ist er kein Wanderweg im klassischen Sinne. (Wenn Sie einen solchen bevorzugen, sollten Sie der Wanderroute zum Finnischen Krieger folgen.) Er führt über Wurzeln und Moos, immer am Steilufer entlang. Dabei folgt er in der Regel der Küstenlinie, bisweilen entfernt er sich jedoch spontan von dort, weil tiefe Einschnitte im Küstenverlauf ihn dazu zwingen. Hier und da geht es auch mal geradewegs durch einen Hohlweg, der von jungen Baumtrieben und Büschen umrahmt ist. Die Strecke ist gut in zwei Stunden zu bewältigen. Ein wenig länger dauert es, wenn Sie einen Abstecher hinüber zum Schwarzen See machen. Der liegt nur wenige hundert Meter entfernt malerisch im Wald und ist in Ufernähe mit wunderschönen Seerosen bewachsen. Auf einem kleinen Holzsteg gelangen Sie auf den See hinaus.

Folgen Sie dem Pfad weiter in Richtung Sellin, sofern Sie einen Blick auf die Fundamentreste der ehemaligen Waldhalle werfen möchten. Das bekannte Ausflugslokal am Falkenberg musste nach erheblichen Küstenabbrüchen abgerissen werden. Heute erkennt man nur noch die unterste Stufe der ehemaligen Eingangstreppe.

Auf den Hochuferterrassen nehme ich meine Freunde wieder in Empfang. Wunderschön und spektakulär fanden sie den Weg. Jetzt lockt sie die Route von Sassnitz zum Königsstuhl. Ich hole tief Luft … und lade die beiden erst einmal zum Kaffee ein.

Ein Schwenk zum Jagdschloss Granitz. Über eine selbsttragende gusseiserne Wendeltreppe erreicht man die Aussichtsplattform mit fantastischem Fernblick.

22

Strandhalle Binz
Strandpromenade 5
18609 Ostseebad Binz
038393 31564
www.strandhalle-binz.de

FÜR STRANDLÄUFER UND GENIESSER

Strandhalle

Zuerst dachte ich, die Strandhalle wäre eine ehemalige Kirche, die entweiht und zu einem Restaurant umfunktioniert worden war. Denn der Innenraum ist ungewöhnlich hoch, die Seitenwände sind vertäfelt und zwei mannshohe Stifterfiguren aus Holz wachen mit strengem Blick über das Geschehen. Dann aber erfuhr ich, dass das Gebäude an der Strandpromenade, gleich hinter der Düne, schon vor 100 Jahren als Gaststätte betrieben wurde. Später diente sie als Tanzboden, Speisesaal und wurde sogar als Kino genutzt. Schön, dass die Strandhalle heute zu ihren Wurzeln zurückgefunden hat, denn das nostalgische Ambiente dieses Restaurants ist sehr einladend.

Mit viel Liebe wurde das Interieur zusammengestellt. Es hat zweifellos Charme, wie verschiedenste Stühle, Tische und Sofas miteinander kombiniert wurden. Dazwischen dienen Schränkchen und Kommoden als Raumteiler, hängen üppige Lüster von der Decke und zieren Bilder in schweren Rahmen die Wände. Alles wirkt so herrlich von einer Sehnsucht nach alten Zeiten durchdrungen, wie man es selten findet.

Für meine Frau ist die Strandhalle das perfekte Rückzugsgebiet, wenn ich mich auf die Suche nach Strandgut mache. Hier trinkt sie eine heiße Schokolade und liest, während ich Ausschau danach halte, was es im Spülsaum und am Strand zu finden gibt.

Den Blick gesenkt, teilweise gebückt, manchmal auf allen vieren, bewege ich mich am Strand entlang, um selbst im kalten Herbstwind noch schnell die letzten Anspülungen in Augenschein zu nehmen.

Aber da ich eine Schwäche für Toni Münsterteichers Crème brulée habe, sitzt Sylvia nie lange allein am Tisch hinter einem der Fenster. Und während mir der Duft von karamellisiertem Zucker in die Nase steigt und sie mir leise aus Keyserlings Roman *Wellen* vorliest, wird irgendwo in der Tiefe der Ostsee ein neues Fundstück für mich geboren.

»Lothars«-Leibgericht: Ostseedorsch von der Gräte gerupft, unter Kartoffel-Erbsen-Stampf gehoben, mit Knusperzwiebeln, Senf-Sahne-Sauce, etwas Kalbsjus und Basilikumpesto.

23

Fischräucherei Kuse
Strandpromenade 3a
18609 Ostseebad Binz
038393 2970
www.fischraeucherei-kuse.de

Vom Bückling, der mal ein Hering war

Fischräucherei Kuse

Mit dem zeitigen Aufstehen kennen sich Jürgen und Manfred Kuse aus. Schließlich betreiben sie schon in der vierten Generation Küstenfischerei. Dass sie die letzten Fischer in Binz sind, stört sie nicht. Zu schaffen machen ihnen eher die Vorgaben für die Fangmengen und die Tatsache, dass die Genossenschaft für die Tonne Hering nicht mehr als 500 Euro bezahlt. Wirtschaftlich wichtige Standbeine der Familie sind deshalb das kleine Restaurant am Ende des Strandes von Binz und die hauseigene Räucherei. Trotzdem steht Jürgen Kuse im Morgengrauen auf und fährt mit seinen Helfern hinaus zu den Stellnetzen, um sie zu leeren. Zum einen, weil er seine Passion als Fischer leben will und ihm die Pflege der Familientradition wichtig ist. Zum anderen, weil der Räucherfisch der Kuses inzwischen Fans und Gourmets aus der ganzen Republik anzieht.

Und ehrlich, der is aber auch wat lecker! Kein Wunder, denn der fangfrische Fisch wandert sofort nach der Anlandung in den Räucherofen. Danach ziert er in allen Formen und Varianten die Auslage der Fischtheke. Das Wasser läuft einem im Mund zusammen bei dem leckeren Anblick: Butterfisch, Makrele, Heilbutt oder Lachs liegen appetitlich nebeneinander. Dazu wird Brot oder Salat gereicht. Wer möchte, kann auch halbe belegte Fischbrötchen bekommen – was meiner Meinung nach eine gute Idee ist, denn so besteht die Möglichkeit, verschiedene Sorten zu probieren. Dazu sollten Sie auf jeden Fall ein kühles Bier aus dem Norden trinken. Der herb-würzige Geschmack von Flensburger, Jever oder Lübzer passt hervorragend zum Räucherfisch. Den perfekten Rahmen erhält das kulinarische Erlebnis, wenn Sie sich auf der windgeschützten Terrasse einen Platz mit Blick auf Strand und Meer suchen. Stilechter können Sie Räucherfisch auf der Insel Rügen nicht essen.

Folgen Sie dem Küstenverlauf in Richtung Granitz bis zum Ende der Bucht. Hier, zwischen Findlingen, Buchen und Kormoranen, lädt die Insel zu Abenteuern ein.

Ulrich Müthers Rettungsturm
Strandpromenade/
Strandzugang 6
18609 Ostseebad Binz
www.binzer-bucht.de

Leichtigkeit und Eleganz in Beton

Ulrich Müthers Rettungsturm

2009 wurde im Ostseebad Baabe ein Kunstprojekt realisiert, bei dem Künstler den völlig entkernten Baukörper des ehemaligen Restaurants *Inselparadies* verhüllten. Das diente nicht nur dem vorübergehenden »Verschwinden« der Bauruine. Gleichzeitig wurde auf der »Umhüllung« in einer aufwendigen Bilderstrecke der damalige Bauzustand der zahlreichen wegweisenden Schalenbauten Ulrich Müthers auf seiner Heimatinsel Rügen durch Fotos dokumentiert. Nach der politischen Wende 1989 hatten sich die Nutzungsanforderungen für öffentliche Solitärgebäude geändert, sodass viele der Müther-Bauten heute zweckentfremdet genutzt werden, leer stehen, verfallen oder gar mit wenig Feingefühl saniert wurden.

Dabei prägte der Landbaumeister Müther – eine Bezeichnung, die er sich in Anlehnung an die Baumeister früherer Tage gab – das Baugeschehen in der DDR nachhaltig. Seine expressiven Hyparschalen, die aus nur wenige Zentimeter dünnem Beton bestehen und große, stützenfreie Räume federleicht überspannen, boten in ihrer Andersartigkeit eine willkommene Abwechslung zum vorherrschenden Plattenbau.

Auch auf Rügen entstanden zahlreiche Gebäude mit außergewöhnlichen Formen und Funktionen. Ein besonders schönes Beispiel finden Sie an der Strandpromenade in Binz, gegenüber dem Grand Hotel. Der 1981 erbaute Rettungsturm wird gegenwärtig als Trauraum des Standesamtes Binz genutzt. Wie ein Ufo scheint er über den Dünen zu schweben. Seine doppelt gekrümmten Schalen versetzen den Betrachter in Staunen, denn diese Leichtigkeit und Eleganz erwartet man nicht beim Werkstoff Beton.

Das eingangs erwähnte *Inselparadies* in Baabe wurde zu neuem Leben erweckt und 2017 eröffnet: als Restaurant, zweistöckig, mit der charismatischen, großen Fensterfront und einem fantastischen Blick über Strand und Meer.

Für Ihre Hochzeit das Besondere! Heiraten Sie im »Müthertürmchen«. Klein, elegant, feinen Ostseesand unter den Füßen und das Meer vor der Tür.

25

Fahrt auf dem Großsegler Mir
Startpunkt: Seebrücke
18609 Ostseebad Binz

Besucherinformation Seebrücke
Strandpromenade
18609 Ostseebad Binz
038393 148148
www.binzer-bucht.de

UNTER WEISSEN SEGELN

Auf dem Großsegler *Mir*

Kennen Sie dieses Problem? Was schenkt man seinen Eltern zum Geburtstag? Dem Gefühl nach haben sie ja alles und aus dem Alter, etwas unglaublich Schönes aus Wäscheklammern zu basteln, ist man herausgewachsen. Zum Glück löst sich bei meinem Schwiegervater dieses Problem schnell in Wohlgefallen auf, denn er ist begeisterter Seefahrer und Weltenbummler. Unzählige Bilder, Karten und Erinnerungen zieren sein Arbeitszimmer, und so kam mir die Ankündigung, der russische Großsegler *Mir* besucht das Ostseebad Binz, gerade recht. Es war ein herrlicher Tag, an dem wir erwartungsvoll dem Schiff der Adler-Reederei entgegensahen, das als Tenderboot zwischen der Seebrücke Binz und dem Dreimaster fungierte. An Bord erwarteten uns Kadetten der *Admiral-Makarow-Akademie* in St. Petersburg, die Eigner des Schiffes ist. An dieser Hochschule wird seemännischer Nachwuchs für die russische Handelsmarine ausgebildet. Die Studenten müssen während ihres Studiums ein Praxissemester an Bord dieses Segelschulschiffes absolvieren und werden während dieser Zeit von ihren Hochschulprofessoren betreut.

An diesem Tag beschränkte sich ihre Aufgabe jedoch »nur« auf das Setzen der Segel. Gemeinsam zogen sie unter gegenseitigem Anfeuern und lauten Gesängen an den langen Tauen und es dauerte nicht lange, da lief ein ungeduldiges Zittern durch das Schiff. Rasch wurde der Anker eingeholt und mit vom Wind gefüllten Segeln verließen wir die Binzer Bucht.

An diesem Tag konnte die *Mir* ihrem Ruf als schnellster Großsegler der Welt nicht ganz gerecht werden, denn dafür fehlte ihr ausreichend Wind. Was aber der Begeisterung meines Schwiegervaters für die älteste Form der christlichen Seefahrt, der Windjammerfahrt, keinen Abbruch tat. Lautlos glitten wir an den Kreidefelsen vorbei in die Weite der Ostsee.

Der Großsegler *Mir* bietet jedes Jahr eintägige Segeltörns ab der Binzer Seebrücke an. Die genauen Termine erfahren Sie bei der Kurverwaltung.

26

Seebrücke Binz
Strandpromenade/
Höhe Hauptstraße
18609 Ostseebad Binz

DEM HORIZONT EIN STÜCK NÄHER

Seebrücke

Einerlei wo auf Rügen, es ist nach wie vor etwas Besonderes für mich, eine Seebrücke zu betreten und auf das offene Meer hinauszulaufen. Faszinierend ist das bei jedem Wetter und zu jeder Tageszeit. Egal, ob dabei der Sturm die Gischt über die Ausleger peitscht oder das Sonnenlicht wie getriebenes Silber auf den Wellen tanzt. Es erinnert mich immer an eine Bootsfahrt, obwohl man festen Boden unter den Füßen hat.

Da es zu Beginn des 20. Jahrhunderts keine Brücken zwischen der Insel Rügen und dem Festland gab, verkehrten hier Dampfer des Seebäderdienstes. Sie hatten jedoch zu großen Tiefgang, um anzulanden, weshalb sie auf Reede vor der Küste liegen blieben. Wesentlich kleinere Boote brachten die Reisenden dann von dort ans Land. Da das Ausschiffen auch bei unruhiger See stattfand, kam es leider immer wieder zu tragischen Unfällen.

Abhilfe sollte der Bau von Seebrücken schaffen, die mehrere hundert Meter in die Ostsee hineinragen und im tiefen Wasser enden. So entstanden Seebrücken in Göhren, Baabe, Sellin und Binz, wo am 22. Juli 1902 die erste eingeweiht wurde. Jedoch erwiesen sich die reinen Holzkonstruktionen als nicht stabil genug. Immer wieder zerstörten Sturmfluten oder, wie im Kriegswinter 1942, starkes Presseis die Brücken völlig. Es sollte über 50 Jahre dauern, bis neue Grundsteine für Seebrücken auf Rügen gelegt wurden. Heute sind sie aus dem Erscheinungsbild nicht mehr wegzudenken.

Da ich in Binz lebe, ist die dortige Seebrücke mit 370 Meter Länge mein bevorzugter »Laufsteg«. Einmal im Monat lockt sie mich, hinaus bis an ihr Ende zu laufen. Und während ich dann auf die endlose Wasserfläche vor mir schaue, spüre ich, wie sie mein Fernweh lindert. Einfach, indem sie den Horizont ein Stück näher für mich heranholt.

Ein besonderer Höhepunkt sind die beeindruckenden Feuerwerke, die als Festabschluss und zu Silvester von der Seebrücke Binz aus gezündet werden.

Morgenstimmung an der
Binzer Strandpromenade

TURM 3

Travel Charme
Kurhaus Binz
Strandpromenade 27
18609 Ostseebad Binz
038393 665501
www.travelcharme.com

Einhundert Jahre Tradition und Luxus

Kurhaus Binz

Zur goldenen Hochzeit meiner Eltern reservierten wir auf der Empore des Kurhotels Binz einen Tisch, um die erlesenen Torten der hoteleigenen Konditorei zu probieren. Dafür stiegen wir gerne die geschwungene Treppe hinauf. Über uns spannte sich weit das Glasdach, welches dem Café seinen Namen gab, und während wir unsere Bestellungen (Kurhaustorte) aufgaben, erfüllte leise Klaviermusik den Raum …

Ich mag dieses Hotel sehr, denn hier spürt man hinter all den von einem Fünfsternehaus erwarteten Annehmlichkeiten noch den Charme vergangener Zeiten. Es ist die Eleganz geschwungener Fenster, weißer Flügeltüren und frisch poliertem Messings, welche Erinnerungen an die Zeit der Goldenen Zwanziger weckt. Als die Stars und Sternchen aus den Ufa-Filmstudios nach Rügen kamen, um hier zu arbeiten, zu feiern oder ihren Urlaub zu verbringen. Legendär die Momente, als die Strandpromenade für den Mercedes von Willy Fritsch gesperrt wurde, damit Lilian Harvey unmittelbar vor dem Kurhaus aussteigen konnte. Andere Stars wie Grete Weiser, Anny Ondra oder Hans Söhnker prosteten sich vielleicht in der Kakadu-Bar zu.

Und selbstverständlich dürfen wir den großen Sohn Hamburgs, Hans Albers, nicht vergessen. Er drehte hier 1932 einen Science-Fiction-Klassiker und logierte ebenfalls im Kurhaus. Mit einem Boot brachte man ihn von der Seebrücke aus zu den Dreharbeiten hinaus auf die Greifswalder Oie.

Aber selbst in den oft beschworenen guten alten Zeiten wohnten nicht nur Filmstars im Kurhaus und verbreiteten Glanz und Glamour. Auf Postkarten, die als Drucke die Wände des Cafes zieren, berichten ehemalige Gäste von unbeschwerten Ferientagen, die sie im Hotel, auf der Promenade und am Ostseestrand verbringen durften. Es waren Menschen wie du und ich, die mit ihrem Wunsch hier die Ferien zu verbringen, überhaupt erst den Grundstein für solche Traditionen legten.

Im goldenen Saal des Kurhauses finden regelmäßig Konzerte und Veranstaltungen statt. Das Angebot umfasst Liederabende, Lesungen, Jazz und Varieté.

28

freustil – im Hotel Vier Jahreszeiten
Zeppelinstraße 8
18609 Ostseebad Binz
038393 50444
www.freustil.de

EIN GESCHMACK VON HEIMAT

Restaurant *freustil* im Hotel Vier Jahreszeiten

Immer wenn es etwas Besonderes zu feiern gibt, reservieren meine Frau und ich im *freustil* unseren Lieblingstisch (im zweiten Raum links am Fenster). Hier verwöhnen uns Küchenchef Ralf Haug und sein Team mit einer köstlichen nordischen Gourmet-Küche, die wegen ihrer Einzigartigkeit unter anderem mit einem Michelin-Stern und 16-Punkte-Gault-Millau ausgezeichnet wurde. Trotz der hohen Küchenehren und Bewertungen ist der Umgang mit dem Gast erfrischend normal, und so macht es Spaß, sich nicht nur auf das Menü, sondern auch auf die Umgebung einzulassen. Dabei erlebt man den Aufenthalt in einem dezent ländlichen Ambiente, kombiniert mit elegantem Design und eingerichtet mit liebevollem Blick fürs Detail. Bei schönem Sommerwetter erwartet den Gast eine Außenterrasse mit bequemen Strandmöbeln und gediegenem Flair, dass man beinahe auf den Gedanken kommen könnte, sich bei der Anreise in der Himmelsrichtung geirrt zu haben.

Gerne würde man hier den Köchen bei der Erstellung ihrer feinen Kreationen heimlich über die Schulter schauen. Denn die in dieser Küche entstandenen kulinarischen Schöpfungen kann man ohne Weiteres als »essbare Kunstwerke« bezeichnen.

Was uns betrifft, so ist jeder Besuch im *freustil* ein köstliches Abenteuer. Wie oft entführte uns in der Vergangenheit die Speisekarte auf vermeintlich vertrautes Terrain, bis wir dann erstaunt feststellten, dass Geschmack und Genuss unsere Erwartungen vollkommen übertrafen. Und so wie es dem Hotel Vier Jahreszeiten gelingt, zeitgemäßen Hotelkomfort mit dem Charme klassischer Bäderarchitektur zu vereinen, schafft es Ralf Haug, den traditionellen regionalen Gerichten des Nordens neues Leben und ungeahnte Finesse einzuhauchen.

Ans Herz gelegt: Jakobsmuschel mit Rhabarber auf Blumenkohl.

29

Strandkorb Binz
Dollahner Straße 11a
18609 Ostseebad Binz
038393 32702
www.strandkorb-binz.de

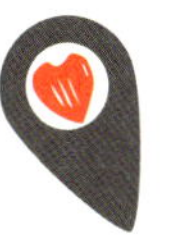

Aus dem Leben eines Strandkorbs

Strandkörbe auf Rügen

Filigran gestreift sind sie, geflochten und scheu. Erst um Ostern lassen sich die Ersten von ihnen einer Vorhut gleich am Strand sehen. Sie stehen beieinander, in kleinen Gruppen, und warten geduldig, bis die Sonne am Horizont höher steigt. Und dann, über Nacht, geschieht das Wunder. Plötzlich bevölkern Hunderte von ihnen den Strandabschnitt. In Reih und Glied stehen sie und sind argwöhnisch darauf bedacht, dass jeder gleichviel Platz hat. Damit keiner aus der Reihe tanzt und niemand bevorzugt wird, haben sie einen Vermieter, der sorgt dafür, dass sie regelmäßig von sonnenhungrigen Badegästen Besuch bekommen. Die dürfen sie sogar verrücken und aus dem Wind drehen, um sich dann wohlig und nach Sonnenöl duftend in ihnen zu rekeln. Manche dieser Badegäste haben nach wenigen Stunden so viel Vertrauen aufgebaut, dass sie sogar ihre persönlichen Badesachen über Nacht bei ihnen lassen. Und schweigen können die Strandkörbe – denn was sie so alles zu hören bekommen … oh, là, là.

Erfunden hat den Strandkorb übrigens der Hof-Korbmacher Wilhelm Bartelmann aus Rostock. Die an Rheuma leidende Adlige Elfriede von Maltzahn suchte im Frühjahr 1882 einen treuen Begleiter, der sie am Strand vor Wind und Wetter schützen sollte. An dieser Stelle kamen sie, die Strandkörbe, ins Spiel. Der Rest ist Geschichte. Heute kennt sie jeder, überall auf der Welt. Sie stehen für so etwas wie deutsche Gemütlichkeit. Und viele wollen sie haben. Inzwischen sind die Körbe auch im Binnenland sehr beliebt, weiß Martin Kruggel von der Firma Strandkorb Binz zu berichten. In seinem Betrieb in Prora stehen 60 verschiedene Strandkörbe zum Ansehen und Ausprobieren bereit. Und sollte der Richtige wirklich nicht darunter sein, wird ein Strandkorb nach eigenen Wünschen zusammengestellt. Darin lässt es sich dann gut vom nächsten Sommer träumen.

Haben Sie sich für Ihren Urlaubsort entschieden, fragen Sie in der Kurveraltung nach den jeweiligen Strandkorbvermietern und reservieren Sie vor.

30

Hotel Villa Salve
Strandpromenade 41
18609 Ostseebad Binz
038393 2223
www.salve-binz.de

EINE ZEITREISE BEI HÖCHSTEN GENÜSSEN

Hotel Villa Salve

Sie ist wie eine feine Dame, die Villa Salve. In Weiß gekleidet und von der Geschäftigkeit der Promenade zurückgenommen, ihre Pilaster und Fensterbögen apart verziert. Aphrodite schmückt ihren Dachfirst und zwei Löwenskulpturen sind ihre ständigen Begleiter. Wenn man sie betrachtet, sieht man ihr ihre über 100-jährige Vergangenheit wahrlich nicht an. Dabei wurde die Villa Salve schon 1899 im Auftrag der Gräfin Kreis als hochherrschaftliches Domizil für unbeschwerte Sommertage am Meer errichtet. In den 50er-Jahren des letzten Jahrhunderts enteignete der DDR-Staat das Gebäude und widmete es erst zu einem Ferienheim/Sanatorium, später zum Kindergarten der Gemeinde Binz um.

Dank der heutigen Eigentümer Franz und Regine Schewe, die mit viel Empathie für die Historie des Gebäudes die Villa 1992 renovierten, ist heute eine »Zeitreise« in die einstige Gesellschaft der Gräfin möglich. Das Interieur spiegelt Eleganz und Stil des ausgehenden 19. Jahrhunderts wieder. Baldachin-Decken mit floralen Ornamenten, Möbel der Belle Époque und Malereien im Jugendstil prägen das Ambiente. Besonders beliebt sind bei meiner Frau und mir die Tische in der Loggia, von wo aus man einen herrlichen Blick auf die flanierenden Gäste und den Strand hat. Drucke alter Postkarten zieren um uns herum die Wände und bei geöffnetem Fenster hört man leise das Meer rauschen. So wie die Gräfin damals Gäste aus allen Ecken Deutschlands bewirtete, kehren heute Weltmeister, Weltstars und Politiker gerne hier ein. Helmut Kohl war schon zu Gast, ebenso Angela Merkel und der norwegische Kronprinz mit seiner Frau. Denn die köstlichen Speisen und Spezialitäten aus hochwertigen regionalen Produkten begeistern, ebenso wie die exzellenten Cocktails, darunter fantastische Eigenkreationen.

Seit über 20 Jahren der Renner! Fischteller »Villa Salve«, Lachs-, Dorsch- und Zanderfilet, Riesengarnele, Rahmwirsing und Petersilienkartoffeln.

31

Strandpromenade
18609 Ostseebad Binz

IM GLANZE WILHELMINISCHEN JUGENDSTILS

Strandpromenade

Selbstbewusst stehen die weißen Villen in der Morgensonne. Auf den ersten Blick erinnern sie mich an Kinder, denen die Mutter für den Sonntagsspaziergang die schönsten Sachen angezogen hat, verbunden mit der Ermahnung, sich nicht schmutzig zu machen. Doch ein buntes Badetuch verrät, dass die Villen und Loggien mit ihren filigranen schmiedeeisernen und hölzernen Ornamenten und Giebeln nicht nur schön anzusehen sind, sondern auch noch heute bewohnt werden.

Dank der Weitsicht von Fürst Wilhelm zu Putbus, der 1880 mit der Strandallee eine Verbindung zwischen dem Dörfchen Binz und dem Ostseestrand schuf, begann bald eine rege Bautätigkeit. Aber es stand nicht unbegrenzt Raum zur Verfügung, um die erwartet hohe Zahl von Feriengästen unterzubringen. Doch Not macht bekanntlich erfinderisch. So gelang trotz festgelegter Bauhöhe mithilfe von Flachdächern eine optimale Ausnutzung der oberen Etage. Ergänzend dazu boten Balkone, Loggien und Terrassen zusätzlichen Raum. Die Schmuckelemente aus Holz und Schmiedeeisen, die gleichzeitig für mehr Stabilität sorgen, verleihen den einzelnen Häusern ein unverwechselbares Aussehen. Häufig zieren Erker, Türmchen und Nischen die Fassaden. All diese Elemente sind, trotz individueller Ausformungen, so etwas wie ein Charakteristikum des Pommer'schen Bäderstils.

1945 litt dieser Charakter, als man notwendigerweise viele Loggien verglaste, um zusätzlichen Wohnraum für Flüchtlinge zu schaffen. Bedenklich verändert wurde er nach der Verstaatlichung 1953 und der anschließenden Nutzung als FDGB-Ferienheim. Während dieser Zeit wurden die meisten Bädervillen völlig heruntergewirtschaftet.

Heute betrachte ich dankbar die einzigartigen Fassaden. Wie gut, dass diese Jugendstilvillen zu alter Schönheit zurückgefunden haben.

Der September ist der Monat der Bäderarchitektur in Binz. Neben dem *Tag der offenen Villen* finden Führungen und Theateraufführungen zum Thema statt.

32

Dokumentationszentrum Prora
Dritte Straße 4
Block 3, Querriegel
18609 Ostseebad
Binz-Prora
038393 13991
www.ostseeunterkunft-online.de

Ein Baudenkmal im Wandel der Zeit

Ehemaliger KdF-Bau in Prora

Den »Koloss von Rügen«, einen gigantischen grauen Gebäudekomplex in Prora, besuchte ich lange Zeit nur, wenn Freunde einen Blick darauf werfen wollten. Aber zugegeben, aus historischer, architektonischer und gesellschaftspolitischer Sicht war der abschreckende Größenwahnsinn in Stahlbeton allemal sehenswert. Ihren planerischen Ursprung hatte die Anlage im Jahr 1935, als die NS-Organisation »Kraft durch Freude« beschloss, in Prora ein Seebad zu errichten. Der Entwurf sah einen Gebäudekomplex von 4,5 Kilometern Länge vor. Acht baugleiche, je einen halben Kilometer lange Hotelblocks sollten die Urlauber beherbergen; jeder aus elf Trakten bestehend, neun Betten-, zwei Liegehallen, und sechs Stockwerke hoch. 20.000 Menschen hätten hier gleichzeitig ihren Urlaub verbringen können. Darüber hinaus plante man eine eigene Festhalle und zahlreiche Nebengebäude wie Schwimmhallen und Musikpavillons.

1937 begannen die Bauarbeiten und Anfang 1939 war der Rohbau von sieben der acht Hotelblocks sowie von einem Teil des südlichen Empfangsgebäudes fertig. Doch mit Beginn des Zweiten Weltkriegs wurden die Arbeiten schlagartig eingestellt. Nach Beendigung des Krieges übernahm die DDR den Komplex und nutzte ihn vorwiegend für militärische Zwecke. Ab 1990 stand ein Großteil der Gebäude zwei Jahrzehnte lang leer. Dann wurde auf dem Gelände eine Jugendherberge errichtet. Die Verlängerung der Promenade von Binz nach Prora folgte. Investoren erwarben die Blocks und in unmittelbarer Strandnähe entstanden ein Hotel, Appartements und Wohnungen, alle mit Balkon und teilweise fantastischem Meerblick. Cafés und Bistros eröffneten, ihnen folgten Geschäfte und Lädchen.

Endlich ist das Grau vergangener Zeiten einem hoffnungsvollen Weiß gewichen und militärischer Drill der reinen Urlaubsfreude. Gut so!

Zum Thema KdF-Bau gibt es zahlreiche Publikationen und es empfiehlt sich ein Besuch des Dokumentationszentrums.

33

Baumwipfelpfad im Naturerbe Zentrum Rügen
Forsthaus Prora 1
18609 Ostseebad Binz-Prora
038393 662200
www.baumwipfelpfade.de

MIT RÜGENS NATUR AUF AUGENHÖHE

Baumwipfelpfad im *Naturerbe Zentrum Rügen* bei Prora

Das hätte sich der ehemalige Oberforstmeister Hanel, der im Auftrag des Grafen Malte zu Putbus (1889–1945) die Forstflächen verwaltete, nie zu Träumen gewagt: ein Spaziergang zwischen den Baumkronen ausgewachsener Buchen. Heute wird dieses Erlebnis durch das *Naturerbe Zentrum* mit seinem Baumwipfelpfad möglich, das in unmittelbarer Nähe zum einstigen Forsthaus entstand. Erwartungsvoll lenke ich meinen Wagen auf den Parkplatz. Schon von weitem begrüßt mich der Aussichtsturm.

Doch bevor mein Abenteuer in luftiger Höhe beginnt, treffe ich Geschäftsführer Jürgen Michalski. Er erklärt mir, dass der Baumwipfelpfad mit einer Ausdehnung von 1,25 Kilometer zu den längsten Baumwegen Deutschlands gehört. Pfeiler von 4 bis zu 17 Metern Höhe stützen die Konstruktion. Darüber hinaus laden Infostationen entlang der Strecke die Besucher zum Mitmachen ein. Kennen Sie den Ruf eines Bartkauzes? Wissen Sie, wie ein Echo entsteht? Oder wie schwer es ist, vorwärts über quer verlegte und sich um die eigene Achse drehende Rundhölzer zu laufen? Ergänzend dazu vermittelt eine Dauerausstellung im Empfangsgebäude viel Wissenswertes über die ökologische Vielfalt der Natur auf der Insel Rügen. Hier erfahre ich unter anderem, dass die Naturerbefläche Prora vormals ein Militärübungsplatz war. Heute ist die Deutsche Bundesstiftung Umwelt (DBU) Träger dieser Flächen und ihre Aufgabe besteht hauptsächlich darin, diese Areale mit ihrer einzigartigen Natur langfristig zu sichern.

Dann geht's los. Der Pfad zwischen den Wipfeln ist beeindruckend. Zudem behindertengerecht. Selbst zur Aussichtsplattform des vierzig Meter hohen Turms führt ein serpentinenförmig angelegter, stetig ansteigender Weg hinauf. Und ehrlich, die Aussicht ist toll. Wenn man hier steht und ringsum über das Land schaut, versteht man, warum der Architekt für diesen Turm die Silhouette eines Adlerhorstes nachempfand.

Nehmen Sie an einer Vollmondwanderung teil. Jemand sagte mir, vom Turm aus könne man den Mond mit der Hand berühren.

34

Karls-Erlebnis-Dorf
Binzer Straße 32
18528 Zirkow
038202 4050
www.karls.de/zirkow

WO ERDBÄR KARLCHEN ZU HAUSE IST

Karls-Erlebnis-Dorf

Endlich ist die Renovierung unserer Küche abgeschlossen. Großmutters Küchenbuffet erstrahlt in neuem Glanz, der Keramikspülstein ist montiert und das Tellerbord an der Wand befestigt. Jetzt fehlen uns nur noch die Emaille-Tassen, die wir zur Dekoration ans Bord hängen wollen. »So etwas bekommt ihr bei Karls«, erklärt uns der Nachbar.

Zwei Tage später werden wir von Karlchen dem Erdbären, dem Maskottchen des Erlebnis-Dorfes, begrüßt. Vorbei am Erdbeerbrunnen betreten wir die große Scheune und staunen.

In der Holzofenbäckerei gleich neben dem Eingang werden frisches Brot und Kuchen gebacken. Gegenüber, in der Marmeladenküche, entsteht der *Erdbeertraum,* eine leckere Marmelade, für die nur bestimmte Erdbeersorten verwendet werden. Einige Meter weiter wirbelt ein junger Mann eine golden glitzernde Masse durch die Luft, die wenig später auf dem Tisch landet und dort zu langen Stangen gerollt wird, die dann in kleine Stücke geschnitten werden. »Bonbon Manufaktur« lese ich und darunter: »Heute Sanddorn«.

Aber mit den süßen Verführungen ist noch nicht Schluss, denn schon steigt uns feiner Kakaoduft in die Nase. Die Mitarbeiterin der Schokoladenmanufaktur berichtet uns, dass die Schokolade von der Kakaobohne bis zur fertigen Tafel in Eigenregie bearbeitet wird.

Und es gibt noch mehr zu entdecken. In der Höhe zieren Tausende Kaffeekannen die Wände der Scheune und brachten 2012 einen Eintrag ins Guinnessbuch der Weltrekorde. Rekordverdächtig ist auch, was Karls für die Kinder bereithält. Ob Tobeland, Traktorbahn, Streichelzoo, Kartoffelsackrutsche, Riesenwasserschleuder, Feuerwehrspritzenspiel oder Minibagger, hier findet jedes Kind das Richtige zum Spielen. Und was unsere Emaille-Tassen angeht, die fanden wir am Ende im Dorfladen, direkt unterhalb der Erdbär-Band.

Manche Attraktionen werden nur saisonal angeboten. Zum Beispiel: Maislabyrinth und Wasserspielplatz im Sommer, Schlittschuhbahn und Eisstockschießen im Winter.

35

Spaziergang durch die Rosenstadt
Startpunkt: Kurverwaltung Putbus
Alleestraße 2
18581 Putbus
www.putbus-info.de

Historisches Uhren- und Musikgerätemuseum
Alleestraße 13
18581 Putbus
038301 60988
www.ruegenmagic.de

Ganz in Weiß mit bunten Blüten

Erkundung der Rosenstadt

Ich erinnere mich noch gut an den Tag, an dem wir uns auf den Weg zur Gartenmesse nach Putbus machten. Wir beabsichtigten für die Sandkiste hinter unserem Haus, die wir auch Garten nannten, nach der richtigen Bepflanzung zu suchen. Ich hoffte, bei den Ausstellern rund um den Marstall und im Schlosspark fündig zu werden.

Da ich zu dieser Zeit noch nicht lange auf der Insel weilte, hatte ich Putbus zuvor erst einen, dazu sehr kurzen Besuch abgestattet. Trotzdem waren mir die weiß getünchten Stadthäuser und der Circus – ein kreisrunder Platz, in dessen Mitte ein Obelisk steht, der die Fürstenkrone trägt – in Erinnerung geblieben.

Ich erfuhr, dass Putbus den Beinamen »Die weiße Stadt« trägt und von Fürst Wilhelm Malte I. 1810 auf dem Reißbrett geplant worden ist. Eine Residenzstadt sollte es werden. Mit italienischen Einflüssen. Und Badegäste wünschte sich der Fürst; drüben in Lauterbach, am Bodden. 1817 ließ er hier das Badehaus Goor errichten. Später kamen noch das Residenztheater, der Marstall, eine Kirche und die Orangerie hinzu. Trotzdem verlagerte sich das Interesse der Badegäste bald auf die offene See und die aufstrebenden Ostseebäder. Zurück ist ein architektonisches Ensemble geblieben, dessen zeitgemäße Nutzung und Erhaltung die Stadtverwaltung auch heute noch vor immer neue Herausforderungen stellt.

Unser Pflanzenproblem löste sich beim Abstellen des Wagens auf dem Parkplatz am Circus wahrhaftig in Luft auf. Denn meine Mutter entdeckte die Rosen in Pink, Rot oder Gelb, die vor jedem der Häuser hier wunderbar blühten. Sie waren die Lösung! Denn, so erklärte sie, Rosen lieben Sandböden, weil die kristalline Struktur Staunässe an den Wurzeln verhindert. Und so erwarben wir drei Kaskadenrosen, die noch heute in unserem Garten prächtig blühen und gedeihen.

Besuchen Sie das Uhren- und Musikgerätemuseum. Bestaunen Sie die über 1.000 Exponate, die Sammler Franz Sklorz in seinem Leben zusammengetragen hat.

36

Schlosspark
Wreechener Weg
18581 Putbus
www.putbus-info.de

JÄGER DER DÄMMERUNG

Schlosspark

Für mich hält sich ehrlich gesagt der Kuschelfaktor bei Fledermäusen in Grenzen. Gut, so eine Fledermaus ist ja nicht so flauschig wie ein Hund, eine Katze oder ein Babybär. Und es gibt auch Kinder, die halten sich weiße Mäuse oder Goldhamster, finden die putzig und süß. Nur ein Kind, das sich für Fledermäuse begeistert, war mir bisher nicht bekannt.

Bei der Fledermausnacht des NABU in Putbus wurde ich eines Besseren belehrt. Während die Dämmerung über die Dächer kroch, erfuhren wir bei einer Diashow einiges über die fliegenden Säugetiere. Zum Beispiel, dass sie alt sind. Seit 50 Millionen Jahren gibt es sie bereits. Heute leben in Deutschland 23 Arten, viele davon auch bei uns im Norden. Einige lächelten mich von der Leinwand herunter mit ihren spitzen Zähnchen an: die kleine Hufeisennase, das Große Mausohr, der Große und der Kleine Abendsegler und so weiter. Die Spitzenkönner unter ihnen erreichen bei der nächtlichen Jagd mühelos Geschwindigkeiten von 50 Stundenkilometer.

Dann wird es spannend. Bewaffnet mit Taschenlampe und Ultraschalldetektor gehen wir zusammen im Schlosspark auf Fledermaussuche. Für einen Moment denke ich an Dracula und an Vampirfledermäuse und ziehe mein Basecape tiefer in die Stirn. Da klackt neben mir der Detektor. Sofort sammeln sich die Kinder um uns und lauschen dem Gerät, das die Rufe der Tiere für das menschliche Ohr hörbar macht.

»Zwergfledermaus«, flüstert einer.

»Mausohr«, erwidert der andere.

Der Takt wird schneller. Plötzlich flammen Taschenlampen auf und im Lichtkegel jagt eine Silhouette vorbei. »Eine Rauhautfledermaus«, stellt unser Begleiter fest. »Wohnt im Sommer gerne in Baumhöhlen. Übrigens ist sie eine nahe Verwandte der Zwergfledermaus.«

»Dicht daneben«, tröstet der eine.

»Immerhin verwandt«, sagt der andere und löscht das Licht.

Abseits der Nachttouren lädt der NABU Interessierte ein, den Fledermausrundweg durch den Schlosspark mithilfe eines Infoblatts auf eigene Faust zu begehen.

37

Allee bei Putbus
Wreechener Weg
18581 Putbus

Infostelle der Tourismuszentrale Rügen GmbH
Circus 16
18581 Putbus
03838 80770
www.ruegen.de

UNTER BÄUMEN SOLLST DU FAHREN …

Die Alleenstraßen auf Rügen

Eine provisorische Ampel am rechten Straßenrand wechselt von Gelb auf Rot. Darunter warnt ein Schild: Vorsicht, Baumschnitt. Es ist Anfang Mai. Vor meinen Augen schwebt ein Mann, mit einer Motorsäge in den Händen, in einer Gondel empor. Sein Auftrag lautet, vertrocknete oder unkontrolliert wachsende Äste zu entfernen. Aufmerksam mustert er das breit schwingende Geäst der Baumriesen, das weit über die Fahrbahnmitte reicht und so ein grünes Blätterdach formt.

Diese Baumalleen sind ein Markenzeichen der Insel Rügen. Und bereits mehrmals wurde die Deutsche Alleenstraße, die offiziell auf der Insel endet, zur beliebtesten Touristenstraße des Landes gekürt. Der Begriff »Allee« ist aus dem Französischen entlehnt und fand wahrscheinlich während des Dreißigjährigen Krieges Eingang in die deutsche Sprache. Er stammt von »aller« (gehen) ab und wurde zu »allée«, was ursprünglich einen (schattigen) Gehweg bezeichnete.

Viele Insulaner haben auf Rügen ihre Lieblingsallee. Mein persönlicher Favorit ist das Teilstück von Putbus nach Wreechen. Hier haben die Bäume über Jahrzehnte hinweg buchstäblich einen Tunnel geformt, dessen kühles, grünschattiges Halbdunkel jedes Auto regelrecht verschluckt.

Mein Freund Maik hingegen empfiehlt die Kastanienallee von Lancken Granitz zum Jagdschloss hinauf. Die mächtigen Baumriesen entlang der Pflasterstraße sind für ihn das Maß aller Baumalleen. Meine Frau wiederum bevorzugt die knorrigen Bäume der alten Bäderstraße. Die Motorsäge hoch oben verstummt und die Ampel springt auf Grün. Langsam rolle ich am Ausleger vorüber. Bald wechseln sich wieder Sonnenlicht und Schatten in schneller Folge ab und mir fallen Christian Morgensterns Worte ein: »Ich liebe die graden Alleen mit ihrer stolzen Flucht. Ich meine sie münden zu sehen in blauer Himmelsbucht.« Hoffentlich noch lange!

Werden Sie Baumpate und helfen Sie mit, die Alleenstraßen zu erhalten. Nähere Informationen beim BUND Mecklenburg-Vorpommern (www.bund.net/alleen).

38

Ausfahrt zur Insel Vilm
Ausgangspunkt: Hafen Lauterbach
18581 Putbus-Lauterbach

Fahrgastreederei Lenz e.
Chausseestraße 5b
8581 Putbus-Lauterbach
038301 61896
www.vilmexkursion.de

VON RÜGENFÜRSTEN BIS HONECKER

Ausfahrt zur Insel Vilm ab Lauterbach

Während die *MS Julchen* den Hafen von Lauterbach verlässt, sammeln sich die Passagiere am Heck des Schiffes, um das näher kommende Eiland zu betrachten. Es geht noch immer ein besonderer Zauber von der Insel Vilm aus, wie schon in früheren Zeiten. Ob die slawischen Rügenfürsten, die mittelalterlichen Mönche, der Fürst zu Putbus, dessen Kinderstube auf der Insel lag, oder DDR-Staatsfunktionäre, die hier ihre Ferien verbrachten – sie alle schätzten über Jahrhunderte hinweg die Unzugänglichkeit des Ortes sowie die einzigartige und ursprüngliche Natur, die dadurch erhalten geblieben war. Uralte Eichen strecken hier ihre knorrigen Arme in den Himmel und stattliche Buchen säumen den Rundweg, welcher den Besucher über die Insel führt. Immer wieder gibt es malerische Aussichten, steile Sandküsten und Findlinge, die aufgereiht im Wasser liegen.

Der Reiz dieser Unberührtheit zog bereits Ende des letzten Jahrhunderts viele Künstler in seinen Bann. So schwärmte der Dresdner Arzt und Maler Carl Gustav Carus in seinem Tagebuch: »Ich kann sagen, ich habe kaum jemals wieder dies Gefühl so ganz reinen, schönen und einsamen Naturerlebens gehabt, wie damals auf diesem kleinen Eilande. (…) wie ungestört und ehrwürdig sind da Eichen und Buchen zu ungewöhnlichem Umfange aufgewachsen.«

Nachdem die *MS Julchen* am Ausleger festgemacht hat, strömen die 30 Inselbesucher von Bord. Mehr dürfen es wegen der strikten Naturschutzauflagen pro Führung nicht sein. Nur einmal, im Wendewinter 1989, hielt sich niemand daran. Zu groß war die Neugier auf den Mythos von Honneckers Ferienheim auf der Insel. Die Lauterbacher liefen kurzerhand über die zugefrorene Ostsee, um das Geheimnis, das eigentlich schon keines mehr war, persönlich zu lüften. Heute kann jeder, der möchte, den Zauber des Eilandes genießen und sich für ein paar Stunden wie Robinson Crusoe fühlen.

Für einen Ausflug auf die Insel Vilm sollten Sie sich unbedingt anmelden. Buchen können Sie bei der Tourismusinformation.

39

Hotel und Restaurant Nautilus
Neukamp 17
18581 Putbus
038301 830
www.ruegen-nautilus.de

DIE OFFIZIERSMESSE VON KAPITÄN NEMO

Hotel und Restaurant Nautilus in Neukamp

Erinnern Sie sich an Jules Vernes Roman *20.000 Meilen unter dem Meer* über die Abenteuer von Professor Pierre Aronnax, seinem Diener Conseil und dem Walfänger Ned Land? Die drei sollen ein geheimnisvolles Unterwasserobjekt entdecken und an Land bringen. Doch ihr Schiff wird versenkt und die Männer finden sich an Bord der *Nautilus* wieder, einem Unterseeboot, das vom legendären Kapitän Nemo befehligt wird. Während der Professor in unerwarteten Möglichkeiten wissenschaftlicher Forschungen schwelgt, fühlt sich Ned Land hier als Gefangener. Deshalb plant er, zu fliehen. Ob es ihm gelingt und ob er den Professor und Conseil für seinen Plan gewinnen kann, lesen Sie, wenn nicht schon geschehen, am besten selbst.

Um sich auf das Romanerlebnis einzustimmen, empfehle ich Ihnen einen Besuch im Restaurant Nautilus in Neukamp. Von außen eher unscheinbar, verrät nur die genietete Tür, dass hier der Eingang in eine besondere Welt wartet. Und spätestens nach der Schleuse werden Sie erstaunt innehalten, denn vor ihnen verlassen gerade zwei Gestalten in Taucheranzügen die Druckkammer. Überall um sie herum verlaufen Rohre an Decken und Wänden. Bunte Lampen blinken und leuchten, Schiffsschrauben lagern zwischen den Tischen und Seekarten warten darauf, ausgerollt zu werden. In der Kapitänsmesse im hinteren Teil des Lokals lädt Nemos Orgel zum Spiel ein, während in Ausstellungsvitrinen die Schätze des Meeres zu Studienzwecken aufgebaut sind. Nebenan im Maschinenraum laufen unzählige Kupferröhrchen in einem Behälter mit Druckanzeige zusammen. Gegenüber erinnert ein großes Meerwasseraquarium an die wunderschöne Unterwasserwelt, die das Schiff vermeintlich umgibt. Und da auch Fantasiereisende einmal essen müssen, bietet die Kombüse unter der Führung von Chefkoch Stefan Blaskowski dafür ausreichend Möglichkeit. Kommen Sie also an Bord der *Nautilus*!

Mein Tipp: Gedünstetes Fischfilet in einer Kurkumasauce mit Muscheln und Riesengarnele garniert, dazu Basmatireis.

40

Hügelgrab Der Himmel
18574 Garz-Silmenitz

Stadtmuseum Bergen
Billrothstraße 20a
18528 Bergen auf Rügen
03838 252226
www.stadt-bergen-auf-ruegen.de

Wo die Hügel Namen tragen

Hügelgrab *Der Himmel* bei Silmenitz

Von Hügelgräbern erfuhr ich zum ersten Mal während meines Aufenthaltes in Österreich. Ein findiger Journalist glaubte, beweisen zu können, dass unter dem Grabhügel in Großmugl, einem Örtchen in Niederösterreich, das Grab von Attila, dem Hunnenkönig, liegt. Man muss wissen, dass sich Heerscharen von Hobbyarchäologen in Ungarn und Österreich mit diesem Thema beschäftigen. Denn in der bisher unauffindbaren Grabstätte des räuberischen Attilas vermuten viele unermessliche Schätze. Am Ende entpuppte sich Attilas Gold als Zeitungsente und das Hügelgrab in Großmugl blieb, was es war: ein Grabhügel aus der Älteren Eisenzeit.

Auch in den vor- und frühgeschichtlichen Bestattungsstätten auf Rügen sind keine wirklichen Goldschätze zu erwarten. In den großen, glockenförmigen Hügelgräbern, von denen man vermutet, dass sie aus der Bronzezeit stammen, dürften bei Grabungen mit etwas Glück Schmuckstücke, Werkzeuge oder Teile von Waffen zum Vorschein kommen.

Dafür jedoch haben diese Hügelgräber eine andere positive Eigenschaft: Sie sind für jedermann weithin sichtbar. Neben dem *Dubberworth* bei Sagard, dem *Speckbusch* in Göhren und dem *Grützberg* bei Gingst zählt wohl *Der Himmel* bei Silmenitz zu den markantesten Grabhügeln in der Landschaft Rügens. Ihn können Sie erreichen, indem Sie der Landstraße von Silmenitz in Richtung Dumsevitz folgen.

Es sind vor allem die beiden Eichen, die auf diesem Grabhügel wachsen, die Erinnerungen an Darstellungen von Rügenlandschaften aus der Zeit der Romantik wecken. Und während der interessierte Betrachter darüber nachdenkt, wo er Ähnliches schon einmal gesehen hat, sollte er nicht vergessen, die kleine Anhöhe zu besteigen. Denn von dort oben bietet sich ein traumhafter Rundblick über die Schoritzer Wiek und den Greifswalder Bodden.

Im Museum der Stadt Bergen findet der interessierte Besucher manch Wissenswertes zur Frühgeschichte der Region Rügen und darüber hinaus.

41

St.-Laurentius-Kirche
Dorfstraße 24
18574 Garz-Zudar

Informationen zur Besichtigung der Kirche erteilt das **Pfarrbüro:**
Lange Straße 34
18574 Garz
038304 829909

Rügener Senfmanufaktur
Lange Straße 35
18574 Garz
038304 82940

WUNDER AUF DEM ZUDAR

St.-Laurentius-Kirche in Zudar

Wenn heute Urlauber durch den Ort Zudar fahren, besteht ihre Absicht häufig darin, rasch die Glewitzer Fähre zu erreichen, um aufs Festland überzusetzen. Dabei übersehen sie die schlichte gotische Kirche abseits der Straße oft. Einer Sage nach hatte Gott bei der Auswahl des Bauplatzes für die Kirche seine Hände im Spiel. Die Bewohner Rügens berieten sich, wo die Kirche erbaut werden sollte, und markierten die Stelle mit einem Speer. Am nächsten Morgen war er jedoch verschwunden und wurde nach langer Suche viel weiter nördlich in der Nähe des Wassers gefunden. Hinterher erzählte man sich, dass es wohl der Herr selbst gewesen war, der über den Bauplatz der Kirche entschieden hat.

Vielleicht lag es auch an ihm, dass die Kirche im Mittelalter plötzlich in aller Munde war. Auslöser der weitreichenden Bekanntheit war ein wundertätiges Marienbild. Dessen Verehrung führte dazu, dass die Kirchenoberen einer Reise nach Zudar in Bezug auf den Erlass von Sünden plötzlich halb so viel Bedeutung beimaßen wie einer ganzen Pilgerfahrt nach Rom. Rasch etablierte sich im Volk die Regel: Reise zweimal nach Zudar und dir sind alle Sünden vergeben! Die Pilger kamen von weit her und brachten im Rügen'schen Lourdes ihre Sorgen, Anliegen und persönlichen Belange vor. So entwickelte sich in der zweiten Hälfte des 14. Jahrhunderts ein wahrer Pilgertourismus, der 1372 ein abruptes und unglückliches Ende fand. Während eines heftigen Sturmes kenterte eines der Pilgerschiffe im Sund. Dabei kamen, so berichtet die Chronik in Stralsund, alle 90 Pilger ums Leben. Nach diesem Unglück wandten sich die Gläubigen von Zudar ab. Sie glaubten nicht mehr daran, dass von dem Heiligenbild und der Kirche Wunderkraft ausgeht. Trotzdem ist auch heute noch ein Zauber aus vergangenen Tagen in der kleinen Backsteinkirche zu spüren.

Besuchen Sie die Rügener Senfmanufaktur in Garz. Hier gibt es Senf in 40 verschiedenen Geschmacksrichtungen!

42

Rügener Insel-Brauerei
Hauptstraße 2c
18573 Rambin
038306 238700
www.insel-brauerei.de

WO SELTENE BIERE VERGOLDET WERDEN

Rügener Insel-Brauerei

Es gibt wohl kaum einen Mann, der nicht gerne eine bestimmte Brauerei auf die Liste seiner Lieblingsplätze setzen oder, noch viel besser, in der Brauerei einen erlebnisreichen Nachmittag verbringen würde.

Mir war so ein Nachmittag vergönnt, als ich zu einer Besichtigungstour in die Insel-Brauerei in Rambin kam. Wir wurden vom Betriebsleiter Frank Lucas begrüßt, der uns in seiner Funktion als Diplom-Braumeister in der nächsten Stunde in die Geheimnisse der seltenen Biere einführte. Und ehrlich gesagt, wir hätten es gar nicht besser treffen können, denn wie sich herausstellte, ist Frank Lucas auch noch Deutscher Meister und Vize-Weltmeister der Biersommeliers.

Dementsprechend hoch ist auch der Anspruch, der in der Insel-Brauerei an den Tag gelegt wird. »Bevor wir mit unseren zwölf Eigenkreationen an die Öffentlichkeit gingen«, weiß Frank Lucas zu berichten, »gab es über 100 Bierversuche in unserer Brauwerkstatt. Alle unsere Biere sind naturbelassen, obergärig und mit offener Gärung gebraut. Wir benutzen Naturdoldenhopfen und brauen jede Biersorte mit mindestens zwei Hefesorten. Das ist wichtig fürs Aroma und den Charakter des Bieres.« Eine Besonderheit ist die anschließende Flaschenreifung in einer speziellen Reifekammer. Hier erreicht das Bier bei 25 Grad Celsius nach zehn Tagen die Trinkreife.

Es sind dieser enorme Aufwand und das fachliche Können der Brauer, die dazu führen, dass die seltenen Biere inzwischen weltweit euphorisch gefeiert werden. In London 2016: *Weltbestes India Pale Ale.* Beim *Meininger International Craft Beer Award 2017:* zweimal Platin, fünfmal Gold. In London 2017: neunmal *Gold Beer Award* und *Weltbestes Sour Ale.*

Deshalb eine Idee von mir: Servieren Sie Ihren Freunden als Aperitif die *Meerjungfrau*, ein Sour Ale, das an Champagner erinnert. Danach die Überraschung: Es ist Bier!

Bei einer Bierverkostung vier seltene Biere testen, die Ihnen von einem Mitarbeiter der Brauerei vorgestellt werden.

Rundflug über die Insel

43

Ostsee-Flug-Rügen
Flugplatz Rügen
Güttin 66
18573 Dreschvitz
038306 1289
www.ostseeflugruegen.de

Rügen-Helikopter
(April–Oktober)
Flugplatz: Fährhafen
Sassnitz-Mukran
Wostevitzer Weg 8
18528 Lietzow
0170 1000330
www.ruegen-helikopter.de

FREI WIE EIN VOGEL

Insel-Rundflüge ab Güttin

Wir sind auf dem Weg nach Güttin zum Flugplatz. Der Tag ist noch jung und der Himmel wolkenverhangen. Aber wie sagt man hier oben so schön, das Wetter ändert sich um 11 Uhr und um 15 Uhr. Auch heute können wir uns darauf verlassen.

Bei strahlendem Sonnenschein begrüßt uns der Pilot auf dem Rollfeld. Eine Cessna 210 erwartet uns, den Propeller in Richtung Süden ausgerichtet. Wir klettern an Bord und wählen die für uns besten Plätze aus. Die restlichen drei Sitze bleiben diesmal leer. Die Motoren brüllen auf, rasch gewinnt die kleine Maschine an Höhe. Wir haben uns den Flug *Rund um Rügen* ausgesucht, der 60 Minuten dauern wird. Als erstes Highlight taucht die alte Hansestadt Stralsund unter uns auf. Deutlich kann man die Insellage des Stadtzentrums und die ehemaligen Befestigungsanlagen erkennen.

Danach fliegen wir gen Norden die Küstenlinie von Hiddensee entlang, bis uns der Leuchtturm am Dornbusch begrüßt. Wenig später schiebt sich unter uns das Kap Arkona ins Meer. Hinter einem Streifen Küstenwald leuchtet eine Vielzahl quadratisch gelber Rapsfelder. An den Kreidefelsen wird es majestätisch schön. Allem voran der Königsstuhl und die Victoria-Sicht. Es ist ein wunderbarer Anblick und wir sind noch ganz davon eingenommen, als wir Sassnitz und den Fährhafen von Neu-Mukran passieren. Kurz darauf taucht der Koloss von Rügen vor uns auf. Selbst aus der Luft sind die Ausmaße des Gebäudekomplexes riesig, einschüchternd und beklemmend. Danach erwartet uns das Ostseebad Binz mit dem Kurhaus, der Seebrücke und den Jugendstilvillen, die sich wie Perlen an einer Kette aufreihen. Es folgen die anderen Ostseebäder: Sellin (mit der bekannten Seebrücke), Baabe und Göhren mit dem Nordperd. Während des Rückflugs streifen wir die Insel Vilm und überfliegen Circus und Park in Putbus, um wenig später wieder zu landen.

Auch mit dem Helikopter sind solche Rundflüge möglich. Wenden Sie sich dazu an Rügen-Helikopter in Sassnitz.

44

Ernst-Moritz-Arndt-Turm
Rugardweg 10
18528 Bergen
www.stadt-bergen-auf-ruegen.de

Ernst-Moritz-Arndt-Gesellschaft
Zur Schoritzer Wiek 68
18574 Groß Schoritz
www.ernst-moritz-arndt-gesellschaft.de

Beliebt, verehrt … umstritten

Ernst-Moritz-Arndt-Turm

Vor zwei Jahren, am Gründonnerstag, heirateten liebe Freunde von uns in Bergen auf Rügen. Und so reihten wir uns am besagten Tag in die Schlange der Gäste ein, die die schmale Straße zum Rugard hinauffuhren. Der Rugard hat eine Höhe von 91 Metern und zählt damit auf Rügen schon beinahe als Berg. Das müssen sich die Ranenfürsten auch gedacht haben, als sie hier ihre Burg errichteten, deren Wälle noch heute erkennbar sind. Unsere Fahrt endete vor dem Rugard-Hotel, das für seine schmackhafte Küche bekannt ist. Der wahre Grund, hier zu feiern, sei jedoch der Ernst-Moritz-Arndt-Turm, auch Rugardturm genannt, teilte uns das Brautpaar beim Sektempfang augenzwinkernd mit. Der Aussichtsturm mit einer Höhe von 27 Metern böte sich hervorragend an, um sich nach dem Essen ein wenig die Beine zu vertreten. Ich war froh, dass ihnen nicht der Kletterwald eingefallen war. Schließlich lag der nur ein paar Meter entfernt.

Aber wieder zurück zum Ernst-Moritz-Arndt-Turm. Genau genommen ist er ein Denkmal und wurde zu Ehren des 100. Geburtstags von Arndt erbaut. Der Dichter und Gelehrte Arndt gilt als sehr heimatverbunden und formulierte in seinen Schriften den Unmut gegen die französische Besatzung durch Napoleonische Truppen. Weiter prangerte er in seinem Werk »Versuch einer Geschichte der Leibeigenschaft in Pommern und Rügen« die Abhängigkeit der Bauern und die Leibeigenschaft auf den großen Gütern der Adeligen und unter schwedischer Herrschaft an. Diese Schrift trug sicher dazu bei, dass 1806 der schwedische König die Leibeigenschaft in Schwedisch-Vorpommern aufhob. In Gedanken noch bei Arndt, forderte mich das Hochzeitspaar auf, mit ihnen den Turm zu besteigen. Ganz oben, unter einer Kuppel aus Glas und Stahl, wurden wir mit einem herrlichen Ausblick bis hinüber nach Stralsund belohnt.

Das Geburtshaus von Arndt befindet sich in Groß Schoritz und wird von der Arndt Gesellschaft als Veranstaltungsort und als Ort der Begegnung genutzt.

45

Störtebeker Festspiele
Am Bodden 100
18528 Ralswiek
03838 31100
www.stoertebeker.de

DER RUF DER PIRATEN

Störtebeker Festspiele

Wenn Historiker Eberhard Kaufmann in seinen Vorträgen über die verlorenen Schätze Klaus Störtebekers sinniert, wird es spannend. Nach vielen Jahren der Recherche und Auswertung zahlreicher Quellen ist er sich sicher, dass der legendäre Schatz des Piraten im schlammigen Grund des Ralswieker Hafenbeckens liegt. Denn Störtebeker verbrachte manchen Winter in diesem geschützten Naturhafen mit Zugang zur Ostsee. Andere Hobbyschatzsucher verweisen auf die Stubnitz, auf die vielfach erwähnten unterirdischen Höhlen in den Kreidefelsen. Die waren so groß, dass ganze Schiffe vor den Augen der Häscher plötzlich darin verschwanden. Noch heute sollen dort sagenhafte Schätze auf ihre Entdeckung warten.

Aber wer war der wilde Klaus Störtebeker? Er wurde als Sohn eines Bauern in Ruschvitz auf Rügen geboren und soll ungeheure Kräfte besessen haben. Der Sage nach verbog er Hufeisen und rollte eine Zinnschüssel auf. Als rauer Geselle wird Störtebeker beschrieben, aber auch als großzügig gegenüber armen Fischern und Bauern. So soll er mehrfach Goldmünzen an Bedürftige verschenkt haben. Einmal forderte er angeblich einen mittellosen Alten und dessen Frau auf, aus einer Uferschlucht beim Königsstuhl den Hauptmast eines Schiffes zu bergen und nach Hause zu bringen. Beim Zersägen des Holzes stellten sie erstaunt fest, dass der Mast randvoll mit Golddukaten gefüllt war. Bis heute ziehen die Geschichten um Klaus Störtebeker jedes Jahr Tausende von Besuchern in ihren Bann. Auf der Naturbühne in Ralswiek, direkt am Jasmunder Bodden, erleben begeisterte Zuschauer ein farbenprächtiges Schauspiel, in dem es um Ehre, Freundschaft, Freiheit und Gerechtigkeit geht. Und wenn Sie beim abschließenden Feuerwerk genau hinschauen, können Sie die Golddukaten unter der Wasseroberfläche blitzen sehen.

Nutzen Sie die öffentlichen Buszubringer für eine entspannte An- und Rückreise. Den Bus können Sie beim Erwerb Ihrer Eintrittskarten gleich mitbuchen.

46

Greifvogelschau
»Könige der Lüfte«
Am Bodden 100
18528 Ralswiek
03838 31100
www.falknerei-walter.de
www.stoertebeker.de

DER HERRSCHER DER LÜFTE

Greifvogelschau

Vor einiger Zeit besuchte ich zusammen mit dem Ornithologen und Tierfotografen Rico Nestmann die Greifvogelschau in Ralswiek. Ich hatte ihn gebeten, mich zu begleiten, um von ihm mehr über die »Könige der Lüfte« zu erfahren.

Besonders faszinierend fand ich dabei die Möglichkeit, die akrobatischen Flugkünste von Großfalken und Mongolenbussarden aus nächster Nähe zu beobachten. Pfeilschnell stießen diese Vögel aus großer Höhe herab, um zielsicher den herumwirbelnden Köder zu packen. Aber die wirklichen Stars der Show, das merkte man sofort, waren die Adler. Sie wussten das Publikum zu beeindrucken. Erhaben glitten sie, die mächtigen Schwingen ausgebreitet, lautlos über die Köpfe hinweg und landeten auf dem Lederhandschuh von Berufsfalkner Volker Walter.

Auch Rico Nestmann hatte seine Erfahrungen mit Adlern. Ihm gelang es im Mai 2005 ein Seeadlerpaar bei der Aufzucht seiner Jungen zu beobachten. Dafür kletterte er 25 Meter in die Höhe und bezog Quartier in der Krone einer alten Kiefer. Versteckt wartete er dort geduldig auf das richtige Licht und die besten Fotomotive. Mit der Zeit wurden die Adlerküken auch zu »seinen Kleinen«, und so fieberte er bei deren Aufzucht mit. Später entstand aus den Bilderserien ein beeindruckender Fotoband über die »Herrscher des Himmels«.

Leider gibt es für den Bestand dieser majestätischen Vögel noch immer keine Entwarnung. Nach wie vor steht der Seeadler auf der Liste bedrohter Tierarten, erfuhr ich, und das, obwohl die Population auf Rügen inzwischen kontinuierlich auf 20 Brutpaare angewachsen ist. Aber Vorführungen wie diese Greifvogelschau haben das Potenzial, Menschen für die Natur und ihre Geschöpfe zu sensibilisieren. Denn die Natur mit ihrer Tier- und Pflanzenwelt ist für den Biologen Nestmann der wahre Schatz der Menschheit – und nicht nur für ihn.

Mit etwas Glück können Sie im Sommer über dem Schmachter See ein Seeadlerpaar, das seit einigen Jahren in der Granitz nistet, bei der Jagd beobachten.

47

Martina Korth führt zum Hexenwald und weiteren spannenden Orten in den Wäldern Rügens. Der **Hexenwald** liegt nahe der Orangerie Schloss Semper
Semper 6
18528 Lietzow

Informationen erteilt etwa die **Tourist-Info Glowe**
Boddenmarkt 1
18551 Glowe
038302 5221
www.glowe.de

ALTEM BAUMWISSEN AUF DER SPUR

Waldführung mit Martina Korth

Als Sylvia mir vorschlägt, einen geführten Waldspaziergang mit Frau Martina Korth im Norden der Insel zu unternehmen, bin ich zugegebenermaßen etwas irritiert. Was gibt es auf einem Waldspaziergang zu entdecken, was ich nicht längst gesehen habe und wofür man eine spezielle Führerin benötigt? Doch ich gebe gern zu, dass ich schnell eines Besseren belehrt werde.

Wir treffen die sympathische Rüganerin am vereinbarten Treffpunkt und bereits bei ihrer ersten Frage gerate ich ins Schwitzen: Was ist mein Lieblingsbaum? Ich rette mich mit der Buche, denn dass es auf Rügen malerische Buchenwälder gibt, ist hinlänglich bekannt. Aber haben Sie schon einmal von einer »Süntelbuche« gehört, die sehr selten ist und dazu einen seltsam verdrehten Stamm hat? Zehn von ihnen stehen nahe Lietzow in einem magischen Kreis im »Hexenwald« und ihre Belaubung bildet ein Blätterdach. Die Bäume scheinen zu tanzen und erwecken alte Sagen zum Leben. Aber das ist lange noch nicht alles. Martina macht uns auf Bäume aufmerksam, die sich zu umarmen und zu küssen scheinen und Baumperlen als Schmuck tragen. Wir gehen weiter und entdecken neue Kuriositäten. Ein kräftiger Baumkerl zeigt seinen beneidenswerten Waschbrettbauch, während ein paar Meter entfernt eigenartige Verwachsungen und Male in der Rinde unsere Aufmerksamkeit wecken. Dass »Elfenaugen«, ein »Chinesenbart« oder »Hasenklo« etwas mit Bäumen zu tun haben, hätte ich vor unserem Spaziergang nicht gedacht.

Ganz nebenbei erfahren wir, wie unsere Altvorderen den Wald früher für ihre Ernährung und Gesundheit nutzten … einfach unglaublich. Deshalb rate ich Ihnen: Heben Sie zusammen mit Frau Korth den Schatz des alten Waldwissens!

Frau Korth bietet auch Foto-/Vorträge zu den Themen *Altes Waldwissen* und *WaldEssen* an. Die Tourismusinformationen in Baabe, Binz und Glowe geben hierzu gerne nähere Auskünfte.

48

Feuersteinfelder
Parkplatz: An der L29
18546 Sassnitz-Neu Mukran

Konditorei Bäckerei Peters
Zum Fährblick 4
18546 Sassnitz-Neu Mukran
038392 3100
www.baeckerei-peters.de

Zurück in die Steinzeit

Feuersteinfelder bei Neu Mukran

Feuersteinfelder, was kann man sich darunter vorstellen? Also hinein ins Auto und ab in die Schmale Heide. Wenige Meter vor dem Ortseingangsschild von Neu Mukran erwartet uns (aus Binz kommend auf der linken Seite) der Parkplatz. Wir stellen den Wagen ab und folgen den Hinweisen. Ein paar Minuten später erreichen wir die ersten Ausläufer der Feuersteinfelder und erfahren sogleich, dass hier eine besonders große Auswahl an Feuersteinen zu finden ist. Verantwortlich für dieses Phänomen ist die Ostsee: Sie schwemmte vor circa 3.500 Jahren ungeheure Mengen an Feuersteingeröll aus den Kreideabbrüchen und türmte sie zu sechs Meter hohen Steinwällen auf.

Heute sind die Feuersteinfelder ein Eldorado für Sammler. Wir treffen Leute, die nach »Hühnergöttern« (Feuersteine mit Loch) oder »Runensteinen« (Feuersteine mit weißen Einschlüssen, die an Schriftzeichen erinnern) suchen. Etwas abseits durchkämmt eine Frau die Steinfelder nach Fossilien. Versteinerte Seeigel stehen hoch im Kurs, aber auch Kieselschwämme und Donnerkeile kann man hier finden. Ihr Ehemann hat es eher auf menschliche Artefakte abgesehen.

Wegen seiner guten Bearbeitung wurde Feuerstein schon früh in der Menschheitsentwicklung zu einem begehrten Rohstoff. Abschläge von Kernsteinen wurden beispielsweise zu Klingen, Schabern, Pfeil- und Dolchspitzen weiterverarbeitet.

Seinen Namen aber erhielt der Feuerstein wegen der Eigenschaft, Funken zu schlagen, die jedoch wegen ihrer zu geringen Intensität nicht geeignet sind, brennbares Material zu entzünden. Deshalb wird das Eisensulfit Pyrit hinzugegeben, ein Mineral, das kräftigere Funken erzeugt. Mit dessen Hilfe wird unter stetiger Luftzufuhr ein Zunderschwamm zum Glühen gebracht und so schließlich das Feuer entfacht. Einfach mal ausprobieren!

Nicht weit entfernt sind der Fährhafen Neu Mukran und die Bäckerei Peters. Genießen Sie von der Terrasse der Bäckerei aus den herrlichen Hafenblick.

49

Stadthafen Sassnitz
Hafenstraße 12
18546 Sassnitz
038392 665377
www.stadthafen-sassnitz.de

EIN TOR ZUR WELT

Stadthafen

Sassnitz ist ein Seebad der ersten Stunde. 1885 verwies man stolz auf die Badegäste und Sommerfrischler, die adligen Kreisen entstammten oder wohlhabende Fabrikanten oder Kaufleute waren. Darunter keine Geringeren als der Generalfeldmarschall und Hohenzollernprinz Friedrich Karl und 1890 die hochschwangere Kaiserin Auguste mit ihren fünf Söhnen, Hofdamen und dem Leibarzt. Selbst Theodor Fontane, der im Hotel zum Fahrnberg nächtigte, lässt Baron von Innstetten in seinem Roman *Effi Briest* erklären: »Denn nach Rügen reisen, heißt nach Sassnitz reisen.«

Aber bereits 1911 hatte das Seebad Binz mit seinem Sandstrand und der moderateren Auslegung der Badeverordnung, was die Geschlechtertrennung während des Badens anging, dem sittenstrengen Sassnitz den Rang abgelaufen. Alternativ zum rückläufigen Badebetrieb wurde die Industrialisierung vorangetrieben. Ein Hafen wurde errichtet, die Bahn bis an die Stadt herangeführt und die Verarbeitung sowie Konservierung von Fisch rückten in den Mittelpunkt des Geschehens. Schnell entwickelte sich der Fähr- und Fischereihafen zum Dreh- und Angelpunkt der Stadt und bestimmte von nun an ihren Herzschlag.

Heute dümpeln hinter der längsten Schutzmole Europas Fischkutter, Ausflugsschiffe und Besucherjachten im Hafenbecken, wird fangfrischer Fisch angelandet und die Seenotrettungskreuzer hoffen darauf, nicht auslaufen zu müssen. In der Fischhalle wird feilgeboten, was die Saison hergibt: Lachs, Dorsch, Aal, Butt oder Hering. Filetiert oder komplett am Stück. Wenn ich auf der Mole sitze und mein Fischbrötchen esse, denke ich an die Zeit zurück, wo es mir als DDR-Kind nur erlaubt war, vom »Sachsenblick« aus einen Blick auf den Fährhafen zu erhaschen. Schweden schien mir damals genauso weit weg zu sein wie der Mond. Aber das ist zum Glück Geschichte und lange vorbei!

Während der *Sassnitz Sail* können Sie die typischen Ostsee-Schoner mit ihren Besatzungen bei der Regatta um den Sassnitzer Hafenpokal hautnah erleben.

50

H.M.S. Otus,
Erlebniswelt U-Boot
Hafenstraße
18546 Sassnitz
038392 677888
www.hms-otus.com

Abtauchen in ein Militär-U-Boot

H.M.S. Otus, Erlebniswelt U-Boot

»Alaaarm!!!«, gellt der Ruf durch die Stahlröhre. Rasend schnell werden Schotts geschlossen, Stahl schlägt auf Stahl und Dutzende Füße rennen zum Bug. Dort kauern die Männer eng aneinandergepresst und schweigend, die Blicke nach oben in Richtung Wasseroberfläche gerichtet. Während das U-Boot kopfüber in die Tiefe schießt, kommt das Stampfen des Zerstörers immer näher ... Diese Szene aus *Das Boot* geht mir durch den Kopf, als ich die H.M.S. Otus betrete. Das U-Boot gehört der Oberon-Klasse an, ist 90 Meter lang und war vor den Falklandinseln im Einsatz.

Während ich zum Torpedoraum hinuntersteige, nimmt mir die Vorstellung, völlig von Stahl umschlossen zu sein, den Atem. Alles in diesem Schiff ist eng und praktisch. Die Betten der Mannschaft sind vierfach übereinander angeordnet. Groß gewachsen darf hier keiner sein. An jedem Kopfende ist eine Luftdusche befestigt – um Platzangst entgegenzuwirken, erfahre ich. Bei den höheren Diensträngen sieht es nicht anders aus. Nur der Kapitän genießt etwas Luxus: Seine Kajüte ist halb so groß wie ein Einzelschlafabteil der Deutschen Bahn.

Zudem wird an Bord jeder Winkel, jeder freie Zentimeter als Stauraum genutzt. Spätestens bei den drei Toiletten und der Waschzelle, die lediglich mit einem Vorhang vom Mittelgang abgetrennt sind, ist es mit der U-Boot-Romantik vorbei. Unweigerlich muss ich an die Männer denken, die in dieser Stahlröhre mehrere Monate lang lebten. Mich fröstelt. Kurz darauf lese ich, dass die Ansprüche der Besatzung an die Verpflegung enorm hoch waren. Verständlich, war sie doch die einzige Abwechslung. Aber in dem Verschlag, der sich Kombüse nennt, muss der Koch ein Zauberer gewesen sein. In der Kommandozentrale erwartet mich, neben Seekarten und Funkraum, ein funktionierendes Sehrohr. Ich schaue hinaus. Es tut wirklich gut, die Sonne zu sehen.

Die H.M.S. Otus kann auch für Events angemietet werden. Welche Aktivitäten genau an Bord möglich sind, sollte nach einer Begehung entschieden werden.

51

Möglicher Startpunkt einer
Pilgerreise:
St.-Johannis-Kirche
Johanniskirchstraße 6
18546 Sassnitz

IM ZEICHEN DER JAKOBSMUSCHEL

Pilgerwege auf der Insel Rügen – Von Sassnitz nach Stralsund

Nicht erst seit Hape Kerkelings Buch *Ich bin dann mal weg* steht bei vielen Menschen eine Pilgerreise hoch im Kurs. Die Gründe, sich für diese Form der Selbstfindung und Meditation zu entscheiden, sind sicher von Mensch zu Mensch verschieden. Die einen suchen Antworten auf die zwingenden Fragen ihres Lebens. Andere sehen in einer Pilgerreise so etwas wie ein Gleichnis: Bewältige ich die Strecke, dann kann ich auch alle anderen Herausforderungen meines Lebens meistern. Und wieder andere suchen die Begegnung mit Gott, ihren inneren Raum und Platz, wo sie mit dem Göttlichen eins sein dürfen.

Auch auf Rügen soll man dem Ruf des Apostels Jakobus schon gefolgt sein. Der Legende nach landete die Heilige Birgitta von Schweden mit ihrem Mann Ulf Gudmarsson in Sassnitz an, um von hier aus nach Santiago de Compostela zu pilgern. Andere Quellen vermuten, sie sei mit dem Schiff von Schweden aus direkt nach Stralsund gefahren. Aber egal, welche Route sie genommen hat: Am Ende ist es nur von symbolischem Wert, von wo aus ein Pilger aufbricht. Vielmehr ist der Weg, der vor ihm liegt, das eigentliche Ziel.

Würden heute die Birgitten-Schwestern nach Rügen kommen, um auf den Spuren ihrer Ordensgründerin zu wandeln, fänden sie ausgezeichnete Pilgerwege auf der Insel vor. Sie könnten mit einem grandiosen Weitblick vom Kirchberg der St.-Johannis-Kirche in Sassnitz aus starten und dem Verlauf des Fernwanderwegs E 10 folgen, der sie über Bergen auf Rügen (mit Pilgerunterkunft) bis nach Stralsund führt. Hier mündet der E 10 außerhalb der Stadt in die Via Baltica, der nördlichsten Ost-West-Verbindung des baltisch-westfälischen Jakobsweges.

Persönlich begrüße ich die Überlegungen sehr, einen »Pilgerzubringer« von der Insel nach Stralsund zu schaffen. Pilger sind genügsame Gäste, schweigsam und zu Fuß unterwegs. Tugenden, die auch der Insel neue Wege eröffnen könnten.

In der Pilger- und Kunstkirche St. Jakobi, Jacobiturmstraße 28 in Stralsund, erhalten Sie Ihren Stempel für den Pilgerpass.

Die Kreidefelsen auf Rügen sind weltberühmt

52

Kreideküste Rügen
Ernst-Moritz-Arndt-Sicht
Startpunkt: Waldhalle
18546 Sassnitz

Nationalpark Jasmund
Stubbenkammerstraße 1
18546 Sassnitz
038392 3501122
www.nationalpark-jasmund.de

CASPAR DAVID FRIEDRICHS INSPIRATION

Wanderung zur Kreideküste

Klein ist das Schild und leicht zu übersehen, das kurz hinter Sassnitz dazu auffordert, die Bundesstraße zu verlassen, um den Weg Richtung Waldhalle einzuschlagen. Besagte Waldhalle ist ein Ausflugsrestaurant, das unweit der Kreideküste liegt, und damit ein beliebter Anlaufpunkt für Wanderer auf dem Hochuferweg. Hobbyausflügler wie ich, die sich das erste Stück ab Sassnitz ersparen wollen, starten von hier aus ihre Wanderung zur Ernst-Moritz-Arndt-Sicht. Dieser Aussichtspunkt ist ein gewaltiger Kreidepfeiler, der 60 Meter in die Höhe ragt. Bekannt geworden ist das Aussichtsplateau nicht nur wegen der wunderbaren Ausblicke auf Kreidekliff, Steinstrand und Meer, sondern auch wegen einer Buche, die sich seit Jahren trotz extremer Schräglage an den Felsen klammert.

Unser Weg führt uns an den Wissower Klinken vorbei. Die Kreideklippen hier waren vor allem für die markanten Zinnen berühmt, die sich dem Wanderer vom Uferweg wie Engelsflügel darboten. Als diese Kreideformation im Februar 2005 abbrach und auf den Strand stürzte, glich es einer nationalen Tragödie. Zumal viele vermuteten, dass es genau die Klinken waren, die auf Caspar David Friedrichs Bild »Kreidefelsen auf Rügen« zu sehen sind. Aber dem ist nicht so. Friedrich konstruierte seine Bilder. Dafür abstrahierte und skizzierte er die Bildelemente in der Natur, um sie später als verfremdetes Abbild zu nutzen. Heute wird davon ausgegangen, dass die Schlucht zwischen Königsstuhl und Feuerregenfelsen Friedrich zu seinem berühmten Gemälde inspiriert hat.

Schließlich erreichen wir die Ernst-Moritz-Arndt-Sicht. Unser erstes Interesse gilt der Buche. Sie ist immer noch da. Fast ist man geneigt, zu hoffen, dass es noch lange so bleibt. Aber wir wissen, dass die Dynamik der Kreideküste dem natürlichen Lauf der Dinge folgt und die Klippen immer neue Gestalt annehmen werden.

Während einer Schiffsrundfahrt präsentiert sich die Kreideküste am eindrucksvollsten. Fahren Sie wegen des Sonnenstands möglichst vormittags.

58

Herthasee
Startpunkt Wanderung:
Besucherparkplatz Hagen
18551 Lohme-Hagen
Wanderweg Richtung
Nationalpark-Zentrum

Nationalpark-Zentrum Königsstuhl
Stubbenkammer 2
18546 Sassnitz
038392 661766
www.koenigsstuhl.com

Opferkult am Herthasee

Herthasee bei Hagen

1797 erlebte der deutsche Komponist und Musikkritiker Johann Carl Friedrich Rellstab den Herthasee wie folgt: »Neben dem Walle ist ein runder See, über selbigen soll eine Brücke gegangen und in diesem See jährlich ein edles Fräulein der Hertha zu Ehren ertränkt worden sein. Über diese schwarze Tat, incredibile dictu, sind noch bis auf den heutigen Tag alle Fische dieses Sees schwarz, und er wird auch der schwarze See genannt.«

Da passt es wunderbar ins Bild, dass unweit des Sees ein sogenannter Opferstein seinen Platz gefunden hat. Ob wirklich in der Nähe dieses Steins oder auf ihm jemals Opfer dargebracht worden sind, lässt sich nicht mit Sicherheit feststellen. Vielleicht gab es bestimmte Anlässe, an denen rituelle Schlachtungen von Tieren vorgenommen wurden. Aber mit Sicherheit keine Menschenopfer.

Vielmehr ist es die Fantasie, die durch solch einen geheimnisvoll abgelegenen, von Baumriesen verschatteten, unberührten Ort angeregt wird. Und so müssen Opferstein und Herthasee seit Generationen immer wieder für Schauermärchen und Krimis herhalten. Dabei kann man über den Nationalpark Jasmund ganz andere Geschichten erzählen. Zum Beispiel dass die fantastischen Buchenwälder, die stellenweise an die Säulen einer Kathedrale erinnern, jetzt zum Weltnaturerbe erklärt wurden. Oder dass man dort verschiedenste Lebensräume unmittelbar erleben kann, wie Wälder, Steilufer, Blockstrände, Moore, Quellen, Bäche und die Ostsee, die alle nebeneinander existieren und ineinanderwirken. Zudem nennt er eine einzigartige Tier- und Pflanzenwelt sein Eigen. Mein persönlicher Tipp: Unternehmen Sie eine geführte Wanderung durch den Nationalpark mit den Nationalparkrangern. Vom Herthasee durch die Stubnitz bis hin zum Königsstuhl.

In der Nähe befindet sich das Kreidemuseum Gummanz. Hier erfahren Sie alles über Fossilien, deren Abbau, und wie Kreide als Heilmittel genutzt wird.

54

Hotel Schloss Ranzow
Schlossallee 1
18551 Lohme
038302 88910
www.hotel-schloss-ranzow.de

DEM GUTSHERRN IN DIE TÖPFE GESCHAUT

Hotel Schloss Ranzow

Zuerst war es nur der geflüsterte Tipp einer guten Freundin, der mich hellhörig werden ließ: »Schloss Ranzow, oben in Lohme. Der Salat mit Dorsch Tatar. Ein Genuss, sag ich dir.«

Voller Erwartung mache ich mich an einem späten Sonntagnachmittag auf den Weg. Schloss Ranzow, so viel wusste ich, lässt sich in die Reihe der Guts- und Herrenhäuser einordnen, die Ende des 19., Anfang des 20. Jahrhunderts auf der Insel errichtet wurden. In diesem Fall war es der russische Staatsrat Paul von Böttcher, der sich 1900 den Traum von einem herrschaftlichen Domizil erfüllte. Im Zweiten Weltkrieg fungierte es als Flugbeobachtungsstelle und Landjahrheim, um nach Kriegsende Flüchtlinge zu beherbergen. In den 50er-Jahren wurde es Stützpunkt der Roten Armee. Offiziere und Teile einer Spezialeinheit nutzten das Gebäude. Nach Abzug der russischen Truppen war Schloss Ranzow in einem desolaten Zustand. Glücksritter aus dem Westen taten in der Wendezeit ein Übriges. Erst Wolfgang Zeibig, der selbst einem alten Adelsgeschlecht entstammt, nahm sich 2001 wieder dem verfallenen Anwesen an. Mit viel Hingabe, Liebe zum Detail und endloser Geduld im Umgang mit Ämtern und Behörden verwandelte er die Ruine in ein Juwel norddeutscher Jugendstilarchitektur. Heute bietet Schloss Ranzow, dank seiner unmittelbaren Nähe zum Nationalpark Jasmund, den Seminarräumen, einer Hochzeitskapelle, charmanten Suiten und Appartements ganz unterschiedlichen Gästen und deren Bedürfnissen ein vorübergehendes Zuhause.

Das Restaurant im Erdgeschoss empfängt mich bei meiner Ankunft mit gediegener Atmosphäre und die ausgezeichnete regionale Küche des Küchenchefs begeistert nachhaltig. Bei einem kleinen Absacker auf der Terrasse schauen wir anschließend zu, wie die Sonne bei Kap Arkona im Meer versinkt. Ein gelungener Abend und ein Ort, um länger zu verweilen.

Mein kulinarischer Tipp: Carpaccio vom Lachs und Zander, Zitronenvinaigrette und Frisée.

55

Restaurant Daheim
Arkonastraße 10 & 12
18551 Lohme
038302 9352
www.restaurant-daheim-lohme.de

ENDLICH WIEDER ZU HAUSE

Restaurant-Café Daheim

»Alles nimmt ein gutes Ende für den, der warten kann.« Auch für die älteste Lohmer Fischer- und Gastwirtfamilie Burwitz hieß es lange warten, bis eine alte Familientradition wieder aufleben konnte. Vor der politischen Wende waren Ilona und Jörg Burwitz in ihren erlernten Berufen tätig: Während sie als Erzieherin im Kinderheim Lohme tätig war, arbeitete er als Schiffsbauingenieur im Fischfang Sassnitz.

Mit dem Umbruch 1989 wurde auch die Familie Burwitz mit neuen, weitreichenden Entscheidungen konfrontiert. Trotzdem nahmen sie sich von Anfang an vor: Egal, wie gravierend die Umbrüche und nachhaltigen Veränderungen sind, wir bleiben in Lohme!

Aber wie sollten sie das bewerkstelligen? In diesem Moment erhielten sie unerwartete Hilfe: Vergilbte Fotos, welche ihre Vorfahren als Fischer und Wirtsleute zeigten, weckten die Erinnerung an eine Familientradition, die schon so lange ruhte. – Der Entschluss war gefasst. Sie krempelten die Hemdsärmel hoch und ein Restaurant wurde gebaut, das zukünftig den Broterwerb der Familie sichern sollte. Sie tauften es »Daheim«. Ein Name, der wie kein anderer die Erwartungen, Hoffnungen und Sehnsüchte der zukünftigen Betreiber an ihr Restaurant zum Ausdruck bringt.

Heute darf man sich freuen über das, was Ilona und Jörg Burwitz und ihren drei Söhnen gelungen ist. Das liebevoll gestaltete Restaurant mit seinen erlesenen Fischspezialitäten ist auf der Insel längst kein Geheimtipp mehr. Und während ich diese Zeilen verfasse und an die vielen Menschen denke, denen es in der Wendezeit ganz ähnlich ging, fallen mir die Worte von Hermann Hesse ein: »Es muss das Herz bei jedem Lebensrufe | Bereit zum Abschied sein und Neubeginne, | Um sich in Tapferkeit und ohne Trauern | in andre, neue Bindungen zu geben. | Und jedem Anfang wohnt ein Zauber inne, | der uns beschützt und der uns hilft zu leben.«

Wenn die Sonne scheint, erwartet Sie nach einem Spaziergang oder dem Besuch der Marina ein kühles Bier im Gastgarten gleich neben dem Haus.

56

Steinmüller Steinmanufaktur
Zum Hafen 6
18551 Lohme
0170 9853585
www.ruegensteine.de

Vom Strandfund zum Schmuck

Steinmüller Steinmanufaktur

Ein Freund kannte jemanden, der immer einen Stein bei sich trug, den er selbst gefunden hatte. Dieser Stein, so erklärte er, wäre sein Glücksstein. Am Morgen steckte er ihn in seine Hosentasche und dachte daran, wie gut er es im Leben getroffen hatte. Und abends, wenn er nach der Arbeit wieder nach Hause kam, ließ er die guten Ereignisse des Tages Revue passieren.

So einen Glücksstein wollte mein Freund auch. Und er wollte ihn selbst finden, zufällig irgendwo entdecken. Also machten wir uns auf den Weg. Und es sollte nicht lange dauern, bis er am Strand ein sehr schönes Stück fand. Taubenblau, oval und sich wie eine Pyramide nach oben Schicht um Schicht verjüngend. Ideale Voraussetzungen, um ein Glückstein zu werden. Aber es gab noch ein klitzekleines Problem: Mein Freund neigt dazu, Dinge, die er sich in die Hosentasche stopfte, rasch zu verlieren. Das schloss natürlich auch zukünftige Glücksbringer mit ein. Also doch lieber eine Halskette! Nur wie bekommt man ein Loch in das harte Material?

Da fiel mir der Steinmüller in Lohme ein. Eigentlich heißt er ja Peter Müller, aber jeder nennt ihn nur den Steinmüller, weil Steine sein Lebensinhalt sind. Er zerschneidet sie, poliert sie, fertigt daraus Schmuck und Kunstunikate, wie man sie nur bei ihm findet. Und er bohrt auf Wunsch Löcher in mitgebrachte Strandfunde – genau das, was wir brauchten. Am Ende verhelfen Lederband und Flutglas, Steinperle und Schwemmholz zu einem selbst gestalteten Amulett. Oder Talisman. Wie man will. Und wenn mein Freund daran glaubt, wird dieser taubenblaue Stein ihn beschützen und ihm Glück bringen. Auf alle Fälle sieht er als Anhänger schon mal super aus.

Besuchen Sie den *Schwanenstein* am Strand von Lohme. Der fünftgrößte Findling Rügens wiegt 162 Tonnen. Folgen Sie der Treppe, die zum Hafen hinunterführt.

Blick auf den Königsstuhl

57

Strand Glowe
Parallel zur Hauptstraße
18551 Glowe

Tourist-Info Glowe
Gemeinde Glowe
Boddenmarkt 1
18551 Glowe
038302 5221
www.glowe.de

Klappersteine und Karibikstrand

Strand

Haben Sie schon mal was von Klappersteinen gehört? Nicht? Kein Grund zur Sorge. Auch mir waren sie völlig unbekannt – zumindest bis ich dem Geologen Rolf Reinicke über den Weg lief. Für ihn sind diese originellen Gebilde nicht nur eine seltene geologische Kuriosität, sondern sie zählen zu seinen begehrtesten Strandfunden an der heimischen Ostseeküste. »Tatsächlich geben Klappersteine beim Schütteln ein klapperndes Geräusch von sich. Was da zu hören ist, ist ein kleiner runder Kieselschwamm, der sich in der meist kugelrunden Feuersteinhülle frei bewegt. Dieser besaß zu Lebzeiten viele kleine Fortsätze, zwischen die sich nach seinem Tod Schreibkreide ablagerte. Darum bildete sich später die Feuersteinhülle. Die kugeligen Feuersteine werden dann aus der Schreibkreide herausgespült und von der Brandung ständig in Bewegung gehalten. Da die Ummantelung oft von kleinen Löchern durchzogen ist, wäscht das Wasser die dünne Kreideschicht zwischen Schwamm und Feuersteinhülle langsam aus. Auf diese Weise wird der Schwamm beweglich und klappert.«

Finden können Sie diese geologische Seltenheit unter anderem am Steilufer von Glowe. Bei der Suche ist jedoch viel Geduld vonnöten. Sollte der Stein feucht sein, muss das Innere erst richtig trocknen, ehe das klappernde Geräusch ertönen kann.

Wenn die Suche nach Fossilien und Feuersteinen nicht zu Ihren Lieblingsbeschäftigungen zählt, wechseln Sie einfach die Uferseite und halten Sie sich nördlich des Hafens auf. Hier erwartet Sie eine weit geschwungene Bucht, sichelförmig durchzogen von einem kilometerlangen Strand. Feinster Sand und türkisfarbenes Wasser laden zu ausgedehnten Spaziergängen ein und vermitteln fast nebenbei die perfekte Illusion, in der Karibik zu verweilen. Nur die Temperaturen erinnern die meiste Zeit im Jahr daran, das dem leider nicht so ist.

Hinter dem Strand erhebt sich eine Hochwasserschutzdüne, die von einem malerischen Radweg durchzogen ist, der Sie hinauf bis nach Juliusruh führt.

58

Kranichfahrten zum Großen Jasmunder Bodden
Startpunkt: Hafen Breege
Boddenweg
18556 Breege

Reederei Kipp
Büro Stralsund
Fährstraße 16
18439 Stralsund
038391 12306
www.reederei-kipp.de

DIE VÖGEL DES GLÜCKS

Kranichfahrt zum Großen Jasmunder Bodden

Langsam färbt sich der Himmel im Westen rot. Ein wunderbarer Sonnenuntergang. Doch niemand hier an Bord interessiert sich dafür. Die gesamte Aufmerksamkeit gilt den Kranichen, genauer gesagt ihren Schlafplätzen im Großen Jasmunder Bodden, die wir vom Hafen Breege aus ansteuern. Bewaffnet mit Ferngläsern und Fotoapparaten erwarten die Amateurvogelbeobachter die Ankunft der Tiere.

Leise erklärt der Ranger das grandiose Naturschauspiel: »Die Kraniche, die zuerst die Insel erreichen, suchen langsam das Flachwasser auf. Die Vögel, die sich anschließend dem Schlafplatz nähern, steuern gleich die Sandbank an. Ein Blick durch den Sucher der Kamera verrät, dass das Besetzen der Schlafplätze nicht ohne System geschieht. Kraniche, die an den Rändern der Sandbank gelandet sind, bewegen sich in Richtung Zentrum. Neue Kranichtrupps gehen jeweils an der linken und rechten Außenkante nieder. Erst wenn die komplette Länge des Flachwasserbereichs das erste Mal ausgeschöpft wurde, landen die nachfolgenden Kraniche an einer beliebigen Stelle der Schlafgemeinschaft. Doch auch jetzt bleiben sie nach der Landung nicht stehen, sondern gehen weiter, bis jeder Kranich seinen Platz im Flachwasser eingenommen hat. Acht bis zehn Reihen, jeweils circa 300 Meter lang, haben auf der Sandbank Platz.«

Am Ende werden fast 10.500 Kraniche einen Schlafplatz gefunden haben. Nach zwei Stunden befindet sich unser Schiff wieder auf Heimatkurs. Unter Deck wird eine Diashow gezeigt. Beeindruckende Kranichporträts und eindrucksvolle Bewegungsstudien. Dank der Aufnahmen erleben wir die Vögel des Glücks, wie die Chinesen sie respektvoll nennen, noch einmal aus nächster Nähe. Und während wir ihre Schönheit betrachten, verhallen ihre Rufe hinter uns in der Ferne.

Kranichtouren werden ab Breege von der Reederei Kipp und ab Schaprode von der Reederei Hiddensee (www.reederei-hiddensee.de) angeboten. Es empfiehlt sich, die Tickets vorzubestellen.

59

Pfarrkirche Altenkirchen
An der Kirche 1
18556 Altenkirchen
038391 366
www.kirche-altenkirchen-ruegen.de

DAS GEHEIMNIS DES SVANTEVIT-STEINS

Pfarrkirche

Beim Betreten der Pfarrkirche in Altenkirchen fällt uns die Steinplatte sofort auf. Waagerecht ruht sie in einer Seitenwand der südlichen Vorhalle. Knapp über den Boden wurde sie platziert und ist doch für jedermann sichtbar.

Bei dieser Platte soll es sich um den Grabstein eines Priesters aus der Tempelburg handeln, die sich ursprünglich auf dem Kap Arkona befand. Es wird vermutet, dass sie ein Abbild des slawischen Gottes Svantevit zeigt, einer Gottheit mit vier Gesichtern, die ein Füllhorn in den Händen hält. Aber warum steckt die Steinplatte in der Wand der zweitältesten Kirche Rügens?

Eine Antwort darauf findet sich im 6. Jahrhundert nach Christus. Zu diesem Zeitpunkt zogen die Rugier, Teil eines ostgermanischen Stammes, der seit 500 Jahren auf den Inseln Rügen und Hiddensee siedelte, in Richtung Süden weiter. Zurück ließen sie nur ihren Stammesnamen, welchem die Insel ihren Namen verdankt. Den Ostgermanen folgten die Ranen nach. Ein slawischer Stamm, dessen Spuren noch heute sichtbar sind in den typischen Endungen der Ortsnamen, wie »-ow« bei Wittow, »-in« bei Rambin oder »-nitz« bei Sassnitz.

Was ihren Glauben anging, so widersetzten sich die Ranen bis ins 12. Jahrhundert erfolgreich jedem Versuch der Christianisierung. Doch einige Steinwürfe übermütiger Jungen und ein Hohlraum unter dem Verteidigungswall der Tempelburg, den die dänischen Angreifer unter ihren König Waldemar zu nutzen wussten, führten laut Geschichtsschreiber Saxo Germanicus zur Aufgabe der Ranen. Daraufhin wurden die hölzernen Skulpturen der Gottheiten von den Siegern zerhackt und verbrannt oder, wie die Steinplatte des Priesters zeigt, zur Verhöhnung in den neu errichteten Gotteshäusern verbaut. Doch die Ironie an dieser Geschichte ist, dass noch heute Firmen, Schiffe und Hotels den Namen »Svantevit« tragen.

In der nordöstlichen Kirchengemeinde Deutschlands wird in der Saison einmal pro Woche ein Konzert veranstaltet. Genaueres erfahren Sie im Pfarrbüro.

60

Die Kapelle ist zu Fuß oder mit der kleinen Bäderbahn gut zu erreichen

Vitter Kapelle
18556 Putgarten-Vitt
www.kirche-altenkirchen-ruegen.de
www.vitt-ruegen.de

Auf den Spuren von Pastor Kosegarten

Vitter Kapelle

Die Luft ist erfüllt vom Rauschen der Brandung. Wir sind vom Kap Arkona aus den Uferweg entlang gewandert, vorbei am Burgwall der alten Tempelburg, um wenig später den angesteuerten Aussichtspunkt zu erreichen. Hier genießen wir, zusammen mit einer vier Meter hohen Vogelskulptur aus Holz, den traumhaften Blick hinüber zum Kap.

Als wir uns umdrehen, bemerken wir ein Wegkreuz. In einem daneben angebrachten Holzkästchen warten Bleistift und Papier darauf, dass wir unsere Bitte notieren. Im Sommer finden hier sonntags, um 15 Uhr, Gottesdienste unter freiem Himmel statt. Im Rahmen dieser Zeremonie werden auch die Fürbitten verlesen. Übrigens haben diese Uferpredigten eine lange Tradition. Da es den Fischern zu Beginn des 19. Jahrhunderts während der Heringssaison nicht möglich war, am Gottesdienst in der Pfarrkirche in Altenkirchen teilzunehmen, kam der damalige Pastor Ludwig Gotthard Kosegarten kurzerhand nach Vitt und predigte dort auf den Klippen, wo er dankbare Zuhörer fand. Angespornt vom Erfolg der Uferpredigten beschloss er im Jahre 1806, die Vitter Kapelle zu errichten.

Schneeweiß ragen heute die Wände der winzigen, achteckigen Kirche mit dem Spitzdach in den Himmel. Soeben haben wir uns im schlichten Innenraum umgesehen. Über dem Altar hängt ein Bild, auf dem Jesus den Fischer Petrus aus der stürmischen See rettet. Es ist die Kopie eines Gemäldes von Philipp Otto Runge, das Pastor Kosegarten 1805 bei ihm in Auftrag gab. Aber Runge verstarb unerwartet und das Gemälde verblieb in Hamburg. Erst 1893 erstellte der Stralsunder Maler Erich Kliefert eine Kopie des Bildes, welche seitdem die Vitter Kapelle schmückt.

Hinter der Kirche entdecken wir inmitten einer Löwenzahnwiese eine kleine Holzbank. Wir lassen uns nieder, reden über Kosegarten und erwarten die kleine Bahn, die uns zurück nach Putgarten bringt.

Machen Sie einen Abstecher in das verträumte Fischerdorf Vitt, das sich malerisch an die Küste schmiegt und viele Fotomotive für Sie bereithält.

61

Kap Arkona
Startpunkt: Parkplatz Putgarten
18556 Putgarten

Tourismusgesellschaft Kap Arkona
Am Parkplatz 1
18556 Putgarten
038391 13037
www.kap-arkona.de

DEM LEUCHTTURMWÄRTER SEI DANK

Kap Arkona

Die letzte Aprilwoche 1958 am Kap Arkona war stürmisch und sehr regnerisch. Woher ich das weiß? Von meinem Vater. Zu dieser Zeit hockte er mit einer Funkstation in einem Erdloch an der Steilküste. Er sollte die Funkverbindung zwischen den Küstenschutzbooten, die auf offener See Schießscheiben hinter sich herzogen, und der Artilleriebatterie im Hinterland, die darauf schoss, aufrechterhalten. Eine Regenplane über dem Kopf bot vor Wind und Wetter notdürftig Schutz. Notdürftig war auch die Verpflegung.

Doch zum Glück lebte in jener Zeit noch ein Leuchtturmwärter am Kap, der meinen Vater mit Butterstullen und heißem Tee versorgte. Der Mann wohnte mit seiner Familie in einem Haus neben den beiden Leuchttürmen. Der ältere der beiden Türme wird »Schinkelturm« genannt, weil er vermutlich nach Entwürfen des Baumeisters Karl Friedrich Schinkel im Jahre 1826 erbaut wurde. Dessen erster Betreuer war der königlich-preussische Leuchtturmwärter Eduard Schilling: kauziger Kerl, raue Schale, großes Herz und Lebensretter – so wurde das Rügener Original beschrieben, das zahlreichen Schiffbrüchigen das Leben rettete. Obendrein bewirtschaftete Schilling mit seiner Frau und den Söhnen etwas Land und unterhielt eine kleine Gastwirtschaft. In ihr sollen unter anderem Theodor Fontane, Karl Friedrich Schinkel, Johannes Brahms, Caspar David Friedrich, Gerhart Hauptmann und Otto von Bismarck zu Gast gewesen sein.

Im Jahr 1902 übernahm ein neuer, 35 Meter hoher Leuchtturm mit 22 Seemeilen Sichtweite den Dienst. Heute, mehr als hundert Jahre später, macht ein vollautomatisches Orientierungslicht eine Betreuung vor Ort überflüssig. Schade, findet mein Vater in einem Anflug von Sentimentalität. Denn auch er hat dem Leuchtturmwärter vom Kap Arkona etwas zu verdanken.

Im Rahmen des Kultursommers werden im ehemaligen Leuchtturmwärtergarten hinter den Leuchttürmen unter freiem Himmel Theaterstücke aufgeführt.

62

Nordstrand von Wittow
Startpunkt: Parkplatz am Nordstrand
18566 Putgarten

Zu Besuch im Märchenwald

Nordstrand von Wittow

»Da kommen Sie nicht durch«, sagte man uns im Frühjahr. »Nach dem Regen ist da alles unter Wasser und voller Schlamm. Da bleiben Sie stecken.« Also drehten wir unverrichteter Dinge um und kehrten 14 Tage später zurück. Unser Ziel ist der nördlichste Punkt der Insel Rügen. Viele denken, es wäre das Kap Arkona, aber in Wahrheit ist es das Kliff Gellort, knapp einen Kilometer von Arkona entfernt. Ein 165 Tonnen schwerer Findling am Strand, der »Söbensniedersteen«, markiert das eigentliche Nordkap der Insel. Neben dieser geografischen Besonderheit ist es vor allem die Steilküste zwischen Gellort und dem Ort Dranske, die uns hierher führt. Abseits jeglicher Touristenwege wechseln sich breite Sandstreifen mit steinigen Uferzonen ab, die so aussehen, als hätten Riesen Boccia gespielt und vergessen, ihre Steinkugeln mitzunehmen. Überhaupt ist dieser Platz für mich wie das Tor in eine andere Welt, in eine Märchenwelt.

Im verwunschenen Schwarbewald oben am Hochuferweg knarzen die vom Wind zerzausten, knorrigen Bäume. Sie sind mit Flechten und Moosen überzogen und in den ausladenden Baumpilzen scheinen ganze Völker von Elfen und Wichteln zu wohnen. So ist es auch nicht verwunderlich, wenn Geschichten von Zumpeln und Kojampeln erzählt werden, die hier im Wald wohnen sollen. Die Zumpels fahren bei Vollmond mit Treibholzbooten auf die Ostsee hinaus, um das Mondlicht von der Wasseroberfläche zu sammeln. Nach ihrer Rückkehr spinnen sie daraus einen langen Faden, den die Kojampels nutzen, um Traumtücher zu weben. Die sind unsichtbar und – wie ihr Name verrät – voller guter Träume. Und abends, wenn die Kinder zu Bett gehen, erscheinen die Kojampels und legen den Kleinen kurz vor dem Einschlafen eines dieser Traumtücher auf das Köpfchen. So kann es in der Nacht sicher gut schlafen.

Beim Start am Gellort sollten Sie sich Getränke mitnehmen. Nächste Versorgungsstelle ist während der Saison erst der Campingplatz Nonnevitz (circa zehn Kilometer).

68

Kreidebrücke Wiek
Hafenstraße 6
18556 Wiek

Tourismusinformation Wiek
Am Markt 5
18556 Wiek
038391 76870
www.wiek-ruegen.de

DIE SCHWEBENDE PROMENADE

Kreidebrücke

Jeden Abend versammeln sich Hunderte auf dem Mallory Square, um gemeinsam den Sonnenuntergang zu feiern. Sie treffen sich, reden, trinken und musizieren miteinander und jubeln laut, wenn die Sonne im Meer versinkt. Moment, werden Sie jetzt denken, der Mallory Square liegt doch auf Key West, in Florida. Was hat das mit Rügen zu tun?

Im Örtchen Wiek gibt es einen spektakulären Platz, der vielleicht einmal ein beliebter Anlaufpunkt für Sonnenuntergangsfans wird. Ich meine die Stahlbetonbrücke, die vom Rand des Hafenbeckens aus stetig ansteigt, bis sie einige Meter hoch über dem Wasser schwebt. Ursprünglich wurde die Brücke im Rahmen eines Hafenneubaus 1913–15 als Verladerampe für Kreide gebaut – man wollte sie in den Kreidegründen am Kap Arkona abbauen. Eine Kleinbahntrasse war ebenfalls vorhanden. Sie verlief von der Fähre auf Wittow über Wiek nach Altenkirchen. Hier gab es Pläne, sie bis ans Kap Arkona zu verlängern. Sogar eine Transportschwebebahn war damals im Gespräch. Am Ende sorgten zwei Kriege und Unwirtschaftlichkeit dafür, dass dieses Vorhaben nie umgesetzt wurde. Aus heutiger Sicht ein großes Glück: So blieben die berühmten Kreidefelsen verschont.

An einem Abend im August stehen wir am oberen Ende der Brücke. Am Horizont ruht dunkel die Silhouette von Hiddensee und seitlich von uns geht die Sonne unter. Ansonsten ist es ringsherum still. Ich sehe zwei Angler drüben auf der Mole, regungslos harren sie aus. Ein Segelboot driftet lautlos an ihnen vorbei in die Marina und sucht sich seinen Platz. Einige Urlauber sitzen weiter hinten auf den Bänken vor dem Hafenmeisterhäuschen und genießen die letzten Sonnenstrahlen. Wir beschließen, uns im Kiosk ein Bier und ein Sanddornweizen zu holen und setzen uns dazu. Als die Sonne das Meer berührt, klatscht niemand. »Schön is«, brummt neben mir einer. Na, das ist doch schon mal ein Anfang.

Blumengebinde und selbstgemachter Kuchen. Sök di wat ut!, das erste Blumencafé auf Rügen, Gerhart-Hauptmann-Straße 6 in Wiek.

64

Historische Handwerkerstuben
Karl-Marx-Straße 19
18569 Gingst
038305 304
www.museumshof-gingst.de

Schäferstündchen auf dem Museumshof

Historische Handwerkerstuben

Ein Lieblingsplatz ist das kleine Museum in Gingst. Es besteht aus zwei Fachwerkhäusern, die nachweislich im 18. Jahrhundert erbaut und zwischenzeitlich liebevoll restauriert wurden. Daneben finden sich eine Freiluftausstellung landwirtschaftlicher Geräte und eine Fachwerkschmiede. Sie dient heute als Museumswerkstatt, wird aber auch bei Arbeitsaufenthalten verschiedener Schmiede genutzt. In der nah gelegenen Museumsscheune sind ein Laden, der regionale Erzeugnisse vertreibt, und ein kleines Café untergebracht.

Die Historischen Handwerkerstuben, die heute in den beiden Fachwerkhäusern zu finden sind, faszinieren mich besonders. Sie eröffnen Einblicke in die Wohn- und Arbeitsverhältnisse um 1900, vor allem in jene damaliger Handwerksberufe. Ein Rundgang führt unter anderem durch die Werkstätten eines Schuhmachers, eines Drechslers, eines Seilers und durch eine Schneiderei.

Es gibt auch Außergewöhnliches zu sehen: Das Museum verfügt über eine skurrile Sammlung von über 150 Fingerhüten aus beinahe jedem Winkel der Welt. Dabei sind dem Material, der Gestaltung und dem Design offenkundig keine Grenzen gesetzt.

Ebenfalls keine Grenzen, dafür eine stete Wanderschaft, kennt, wer im Besitz war von einem der für mich spannendsten Exponate des Museumshofs – ein Schäferkarren. Gezogen wurde dieser geschlossene Kasten von einer Kuh oder einem Pferd. Der Karren in Gingst bot sogar ausreichend Platz, dass der Schäfer darin stehen konnte. Bei Bedarf ließen sich mit wenigen Handgriffen Sitzbank und Tischplatte in eine Liegestatt umwandeln. Jedes Mal, wenn ich mir dieses Gefährt anschaue, frage ich mich insgeheim, ob ein Schäferstündchen in diesem Kasten wirklich so romantisch war oder ob den Literaten im Barock mit der Schäferdichtung einfach nur die Fantasie durchging.

Nur einige Meter weiter liegt ein kleiner Marktplatz vor einer Kirche. Hier finden Sie zu Ihrer Rechten eine der feinsten Buchhandlungen der Insel.

65

Erlebnis-Bauernhof Kliewe
Mursewiek 1
18569 Ummanz
038305 530010
www.bauernhof-kliewe.de

DAS GLÜCK AUF DEM RÜCKEN DER PFERDE

Erlebnis-Bauernhof Kliewe

»Ein Pferd! Ein Pferd! Mein Königreich für ein Pferd!« Diese Worte rief Richard III. aus und er hatte berechtigte Hoffnungen, eines zu erhalten, denn er bot ja ein Königreich zum Tausch an. Meine Freundin Amanda tat sich hingegen zunächst sehr schwer, ein Pferd zu beschaffen, als ihre achtjährige Tochter Bea nach einigen Urlaubstagen am Strand plötzlich feststellte, wie sehr sie ihr zu Hause gelassenes Pony Toni vermisste. Aber Gott sei Dank fiel uns der »Erlebnistag Pferd« auf dem Bauernhof Kliewe ein. Wunderschön am Bodden gelegen, vermittelt das Anwesen genau das, was der Großstädter unter ländlicher Idylle versteht. Enten und Gänse, Obstbäume und Blumenbeete und ein Streichelzoo, in dem man Tieren ganz nah kommen darf. Wo gibt's das in der Stadt? Fasziniert betrachtete Bea die kleinen Schweinchen, hielt respektvoll Abstand von den Ziegen und streichelte im Vorbeigehen einem Esel über das zottige Fell. Doch sie wollte keine Zeit verlieren, denn auf dem Reitplatz erwartete sie ein Pony. Ihr Pony für diesen Tag. Klara hieß es, war vollmilchbraun mit heller Mähne und Blesse. Neben dem Reiten standen das Striegeln der Pferde und kleine Geschicklichkeitswettbewerbe auf dem Programm. Bea war begeistert. Ihr war alles recht – Hauptsache, es hatte mit Pferden zu tun.

Währenddessen schauten wir im Hofladen vorbei und probierten regionale Spezialitäten aus eigener Herstellung. Anschließend machten wir es uns bei frischem Blechkuchen auf der Sonnenterrasse gemütlich. Kauend stellten wir fest, dass Richard III. am Ende trotz Königreich kein Pferd erhalten hatte. Bea dafür bekam Klara und wenn ich gewollt hätte, ich hätte sogar gleich mehrere Pferde haben können. Denn hinter dem Haus stand ein Traktor bereit zum Probefahren. Der hatte sicher 100 Pferdestärken.

Urlaub auf dem Bauernhof. Hier ist er in acht wunderschönen und exklusiven Ferienwohnungen möglich! Streichelzoo, Landleben und Natur gibt's obendrauf.

66

St.-Marien-Kirche
Am Focker Strom 17
18569 Waase
www.kirche-mv.de

MANCHES GESCHIEHT UNVERHOFFT

St.-Marien-Kirche

Als die Zisterzienser-Mönche 1291 eine Klosterkapelle in Waase auf Ummanz erbauten, ahnten sie nicht, dass hier einmal das berühmteste Antwerpener Altarschnitzwerk im ganzen norddeutschen Raum beheimatet sein würde. Zu unbedeutend scheint die Marienkirche am Focker Strom. Und doch beherbergt sie mit dem Thomas-Altar ein Kunstwerk von beachtlicher Größe, das gleichzeitig eine Reminiszenz an das Handwerk der Schnitzkunst darstellt. In sechs Gehäusen, die eine Tiefenwirkung entstehen lassen, reihen sich Passionsstationen und Szenen aus dem Leben des Erzbischofs von Canterbury, Thomas Becket, aneinander.

Aber Moment mal! Wie kommt ein Altar zu Ehren eines britischen Katholiken und Heiligen in die kleine, zudem protestantische Kapelle nach Waase? Schuld daran ist ein englischer König, genauer gesagt Heinrich VIII. Besessen von dem Gedanken an einen Thronfolger, den ihm seine Frau Katharina von Aragonien nicht schenkte, wollte er sich scheiden lassen. Aber der Papst verweigerte dies. In seiner Wut trennte sich Heinrich VIII. von der katholischen Kirche in Rom und ernannte sich selbst zum Oberhaupt der englischen Kirche. Zudem fuhr er nach Canterbury und zerstörte dort die Reliquien des heiligen Thomas, verbrannte die Überreste und streute sie in die Themse.

Naheliegend, dass der König den Altar nicht mehr wollte. Zum Glück für die Schnitzer in Antwerpen war die Stralsunder Bürgerschaft inzwischen dank Hanse und Handel zu Geld gekommen und erwarb das gute Stück. Doch dann schlug Luther seine berühmten Thesen an die Schlosskirche zu Wittenberg und der Protestantismus hielt auch in Stralsund Einzug. Also verbrachte man den Thomas-Altar zuerst in die Heiliggeistkirche und später, 1708, nach Waase. Hier überdauert er nun abseits jedes Weltgeschehens unbeschadet die Zeit. Gott sei Dank!

Die Straße auf der Insel Ummanz führt im Kreis herum. Achten Sie auf den Hinweis Freesenort. Dort liegen alte Häuser, der Welt entrückt, am Sund.

67

UMMAII Windsurfing Rügen
Regenbogencamp
Suhrendorf 4
18569 Suhrendorf
038305 82240
www.ummaii.de

DEM WIND HINTERHER

UMMAII Windsurfing Rügen – Surfen auf Ummanz

Meine ersten Versuche, den Meeresarm zwischen Ummanz und Hiddensee auf dem Rücken eines Surfbretts zu erobern, scheitern kläglich. Ich stehe mehr im Wasser als auf dem Brett und als schließlich noch das Segel ins Spiel kommt, ist es ganz aus. Also schlüpfe ich in die Rolle des Beobachters und mir wird im »Inselstaat« *UMMAII Windsurfing Rügen* allerhand geboten. Denn mittlerweile zählt Rügen zu einem der beliebtesten Surf- und Kitespots in Deutschland. Die flachen Boddenbereiche und die offene See vor der Insel bieten nahezu ideale Wasser- und Windbedingungen für Surfanfänger wie für Profis gleichermaßen. So fanden unter anderem 2007 in Thiessow die deutschen Meisterschaften im Kitesurfen und 2009 in Dranske die im Speedsurfen statt.

Zudem kann Suhrendorf mit dem größten Stehrevier Deutschlands aufwarten. Darunter ist eine Wasserfläche zu verstehen, in der der Sportler stehen kann, ohne mit dem Kopf unter Wasser zu gelangen. Der im Nationalpark Vorpommersche Boddenlandschaft gelegene Surfspot bietet durch seine geschützte Lage zwischen der Insel Ummanz und der Insel Hiddensee insbesondere für Kinder- und Anfängerkurse beste Voraussetzungen. Für Profis offenbart sich Suhrendorf bei auflandigem Nordwestwind als ideal, wo die Speedsurfer richtig Gas geben und die Kitesurfer sich bei Jumps, Flips oder Grabs verausgaben können, ohne Gefahr zu laufen, das Stehrevier zu verlassen.

Nicht erst seit dem Film *Gefährliche Brandung* ist es kein Geheimnis mehr, dass Surfen für viele nicht nur ein Sport, sondern vielmehr ein Lebensgefühl ist. Diesem Gefühl begegne ich auch am Abend im Ostseecamp, als ich mich im Publikum vor einer kleinen Bühne tummle, wo sich »schräge« Musikbands, Pantomimen und Comedians erfrischend jung und unverbraucht präsentieren. Alle scheinen wirklich gern hier zu sein. Deshalb werde ich im nächsten Jahr einen neuen Versuch wagen. Der Anfängerkurs ist bereits gebucht.

Es gibt rund um die Insel Kite- und Surfspots (Thiessow, Dranske, Wiek, Stresow, Rosengarten). Ihre Lage ermöglicht es, je nach Windrichtung, zu surfen.

INSEL HIDDENSEE

VAN'T HARTEN WILLKOUMEN

Die Insel

Oft werde ich als kleine Schwester von Rügen bezeichnet. Vielleicht liegt es an unserer unmittelbaren Nähe zueinander. Einige nehmen sogar an, dass uns früher eine Landbrücke verband, die durch eine Sturmflut allerdings zerstört wurde. Eine Sage, die der Historiker und Geograf Johann Jacob Grümbke 1819 für die Nachwelt aufschrieb, erzählt meine Entstehungsgeschichte wie folgt: Eine gierige Fischersfrau wollte den wundertätigen Segen eines christlichen Missionars dazu missbrauchen, ihren finanziellen Wohlstand zu mehren. Das erste Geschäft des Tages, das den Segen bringen sollte, war jedoch ihr morgendlicher Toilettengang. Augenblicklich entfaltete sich die Kraft und Wirksamkeit der Segensformel, sodass ein Teil des Landes überschwemmt und von Rügen abgelöst wurde.

Aber ich kann Ihnen verraten, dass diese Erzählung nicht den Tatsachen entspricht. Wie bei meiner großen Schwester Rügen verlandeten auch bei mir die Zwischenräume von Erhebungen zunehmend, wodurch sich meine charakteristische Inselform, die an ein Seepferdchen erinnert, ausbildete. Sehr hilfreich erwies sich dabei das 70 Meter hohe nördliche Steilufer am Dornbusch, wo Sand abgetragen wurde, der am Gellen im Süden wieder anlandete.

Übrigens, was meinen Namen angeht, ich habe mehr als einen wohlklingenden: Zum Beispiel werde ich »Bernsteineiland« genannt. Vor hundert Jahren noch sammelten und verkauften die einheimischen Fischer zentnerweise Bernstein. Alten Belegen ist zu entnehmen, dass darunter Stücke waren, die 1.000 Gramm und mehr wogen. Übrigens wurde im 18. Jahrhundert neben dem »Gold des Meeres« an der Großen Düne auch graublauer Ton abgegraben, der nach Stralsund verschifft und aus dem bemalte Tonware, genannt Fayence, hergestellt wurde.

Eine weitere Bezeichnung ist »Dat söte Länneken« (»Das süße Ländchen«). Der Berliner Pfarrer Johann Friedrich Zöllner stellte bereits 1795 fest, meine Bewohner würden mich behandeln, als bestünde außer mir nichts auf der Welt. Wenn sie davon sprachen, sie gingen nach Süden oder nach Norden, führte sie ihr Weg lediglich nach Neuendorf oder nach Grieben.

Einen besonders schönen Namen verdanke ich dem Schriftsteller Arved Jürgensohn. Er nannte mich das »Capri von Pommern«. Später habe ich erfahren, dass es in jener Zeit üblich war, Orte, die man sehr schätzte, mit Orten im Süden Europas zu assoziieren.

Touristisch gesehen bin ich eine Spätentwicklerin. Erst 1887 legte zum ersten Mal ein Dampfer am Bollwerk von Kloster an und 1900 verzeichnete ich ganze 320 Gäste. Doch dann entdeckten mich Wissenschaftler und Künstler für sich. Sie nahmen die umständliche Anreise in Kauf und wurden dafür mit dem einfachen und ursprünglichen Leben entschädigt. Ich bot ihnen den Abstand, manchmal auch die Einsamkeit, die sie suchten und sich erhofften. In der Kargheit weiter Sandflächen, zerzauster Föhrenhaine und im Einklang mit der Natur fanden sie zu neuen Ideen und Inspirationen. Und dabei blieb es nicht. In sozialistischen Zeiten erkannten politisch anders denkende Menschen in mir zunehmend einen Rückzugsort, an dem sie sich frei und ungezwungen mit Gleichgesinnten – ganz im Sinne der Inseltradition – austauschen konnten.

Doch nicht nur Insulaner und Gäste fühlen sich auf mir wohl und geborgen. Seit ich existiere, biete ich Seevögeln zahlreiche Rastplätze während ihres Vogelzugs im Frühjahr und im Herbst. An diesen studieren und katalogisieren Ornithologen und Mitarbeiter der Universität Greifswald den Artenreichtum dieser Tiere.

Also, wenn Sie mich fragen, als kleine Schwester hat man auch Vorteile. So bleiben zum Beispiel die lärmenden Automobile auf Rügen, während meine Gäste auf Fahrrädern und mit Pferdekutschen durch die Landschaft rollen. Und wenn die untergehende Sonne malerisch Wolken und Strand durchleuchtet, kehrt mit dem Auslaufen der letzten Fähre wieder Ruhe und Stille in meinen Inseldörfern ein.

68

Evangelische Kirchengemeinde Hiddensee
Kirchweg 42
18565 Kloster
www.kirche-hiddensee.de

VON RUNENZEICHEN UND HAUSMARKEN

Inselkirche Hiddensee

Eigentlich war es ein Findling mit dem Namenszug Gerhart Hauptmanns, welcher uns auf den kleinen Friedhof neben der Inselkirche in Kloster lockte. Doch dann fesselten schnell alte Grabsteine unsere Aufmerksamkeit. Auf den verwitterten Steinstelen standen keine Namen, stattdessen waren eigenartige Zeichen, in Verbindung mit jeweils einer Jahreszahl, dort eingeritzt, die mich entfernt an Runen erinnerten. Im Heimatmuseum der Insel nachgefragt, erfuhren wir zwischen Blumen und Kräuterpflanzen, dass diese runenartigen Zeichen sogenannte Hausmarken sind. Jede Familie auf der Insel hatte ein solches Eigentumszeichen, das von Generation zu Generation weitergegeben und bei Vererbung auf mehrere Söhne durch Hinzufügen eines neuen Striches, einer »Afmarkt«, verändert wurde. Früher waren diese Strichzeichen überall auf der Insel zu sehen – ins Reusengestänge geschnitzt, in Wiesenstücke gestochen und selbst die grasenden Schafe wurden damit markiert. Auf Hiddensee waren mehr als 50 verschiedene Hausmarken in Verwendung. Ging also irgendwo auf der Insel ein Gegenstand verloren, wurde der Besitzer mithilfe des Zeichens identifiziert und das gute Stück zurückgegeben.

Während ich darüber nachdachte, dass mir solch eine Hausmarke an meinen Fausthandschuhen die blöde Schnur durch meinen Kinderparka erspart hätte, gingen wir zur Inselkirche in Kloster zurück.

Zusammen mit einer Rentnergruppe betraten wir sie noch einmal. Besonders der Taufengel, der zwischen Himmel und Erde über unseren Köpfen schwebte, löste bei ihnen eine ungeahnte Begeisterung aus. Er sah anscheinend jemandem, den sie kannten, sehr ähnlich. Und während in der Kirche ein Blitzlichtgewitter tobte, in dem jeder der Alten versuchte, die beste Perspektive für ein Porträt zu erwischen, flüchteten wir hinaus in die Ruhe zwischen die Steinstelen, die noch immer keine Namen trugen.

Wenn Sie grandiose Ausblicke mögen, empfehle ich Ihnen den Aufstieg zum Dornbusch. Der markante Leuchtturm bietet eine fantastische Fernsicht über die Insel.

69

Gerhart-Hauptmann-Haus
Kirchweg 13
18565 Kloster
038300 397
www.hauptmannhaus.de

EIN LITERATURNOBELPREIS FÜR HIDDENSEE

Gerhart-Hauptmann-Haus

1924 weilte Thomas Mann mit seiner Familie auf Einladung von Gerhart Hauptmann auf Hiddensee. Gemeinsam hatten sie Quartier im Haus am Meer in Kloster bezogen. Es ist überliefert, dass Thomas Mann einen Monat später genervt das Eiland wieder verließ. »Zwei Giganten verträgt die Insel nicht«, soll er zum Abschied verkündet haben. Vielleicht lag es ja an der Größe der Insel?

Jedenfalls tat das Zerwürfnis mit Thomas Mann Hauptmanns Begeisterung für Hiddensee keinen Abbruch. Er hatte schon 1885 im damals einzigen kleinen Gasthäuschen in Kloster festgestellt, dass Hiddensee von nun an untrennbar mit seinem Schicksal verflochten sei. Zunächst wohnte er im Gasthaus Freese und in der Pension Nehls in Vitte, auf der Lietzenburg und im besagten Haus am Meer. 1930 erwarb er das Haus Seedorn, das heutige Gerhart-Hauptmann-Haus, als ständiges Domizil. Ihn verband eine ganz persönliche Liebe und Faszination mit Hiddensee, die sich auch in Ansätzen oder ganz unmittelbar in seinen Dichtungen und Dramen widerspiegelt. Nachzulesen beispielsweise in den Gedichten *Die Insel* und *Wiegenlied* oder im Drama *Gabriel Schillings Flucht.*

Am 27. Juli 1946 kehrte der große deutsche Dichter und Dramatiker Gerhart Hauptmann zum letzten Mal auf die Insel zurück: Er wurde seinem Wunsch entsprechend am 28. Juli, in der Stunde des Sonnenaufgangs, auf dem Friedhof von Kloster zur letzten Ruhe gebettet. Die Villa Seedorn ist heute ein Museum und erinnert mit Texten, Erstausgaben, Theaterprogrammen und Fotos an das Wirken und Schaffen Hauptmanns. Noch heute herrscht in den Räumen, vor allem im Kreuzgang sowie in Wohn- und Arbeitszimmer, eine anregende Atmosphäre, die dem Besucher etwas von dem Geist vermittelt, der sich hier erholte und über die Jahrzehnte schöpferisch tätig war.

Erleben Sie das Gerhart-Hauptmann-Haus während einer Lesung oder eines Kammerkonzerts. Kinder lädt ein jährlicher Literaturwettbewerb zum Schreiben ein.

70

Heimatmuseum Hiddensee
Kirchweg 1
18565 Kloster
038300 363
www.heimatmuseum-hiddensee.de

DER GOLDSCHATZ DES DÄNENKÖNIGS

Heimatmuseum Hiddensee

Vorbei am großen Anker, der den Vorplatz ziert, betreten wir das Heimatmuseum von Hiddensee. Hier wollen wir mehr über den berühmten Goldschmuck erfahren, von dem die Fischersfrau Striesow am 14. November 1872, dem Tag nach der großen Sturmflut, in Neuendorf auf der Sanddüne das erste Stück fand. Die Frau nahm den Fund mit nach Hause, wo der Sohn das blinkende Metall als Gold erkannte. Daraufhin grub man an der Düne eifrig weiter und förderte weitere sechs Stücke zu Tage. Doch damit nicht genug. Eine zweite Sturmflut am 8. Februar 1874 brachte weitere Stücke ans Tageslicht. So weit die Version der Finder.

Glücklicherweise erfuhr Rudolf Baier, Museumsdirektor des Provinzialmuseums, davon, und es gelang ihm, alle Stücke zum reinen Goldwert anzukaufen. Auffällig war, dass alle Teile, trotz direkten Kontakts mit Dünensand und Meeresbrandung, überaus gut erhalten waren. Kunsthistorisch ist der Goldschatz eine Sensation und wird dem Dänenkönig Harald Blauzahn zugeordnet. Dessen Übertritt zum Christentum im Jahre 969 spiegelt sich bei den gefundenen Kettenanhängern und Amuletten in der Verschmelzung heidnischer und christlicher Symbole wider.

Heute sind die Internetforen voll mit Vermutungen, wie der Hiddenseeschatz gefunden wurde, von wem er stammt, ob Ortsnamen im germanischen Totenbuch den heutigen geografischen Bezeichnungen der Fundorte entsprechen und vieles mehr. Ich persönlich favorisiere die Theorien, die davon ausgehen, dass der Schmuck wirklich nach der verheerenden Sturmflut 1872 gefunden wurde. Vermutlich steckte er in einem Gefäß, was seinen überaus guten Zustand erklären würde. Und als die Finder schließlich den Wert der Fundstücke erkannten, wurde ihr Verkauf beschlossen, um den von der Sturmflut betroffenen Familien zu einer neuen Existenzgrundlage zu verhelfen.

Nachbildungen des Schatzes können Sie als Schmuckstück vielerorts kaufen. Achtung, die Preise variieren je nach Goldgehalt, Größe und Anbieter erheblich.

71

Blaue Scheune
Wiesenweg 1
18565 Vitte

Insel-Information Vitte
Achtern Diek 18a
18565 Vitte
038300 608685
www.seebad-hiddensee.de

DIE KUNST ZU LEBEN

Künstler in der Blauen Scheune

»Nirgends ist man so jung, so froh und so frei wie auf dieser schönen Insel.« Asta Nielsen, einst Ufa-Stummfilmstar, schrieb diese Zeilen. Sicher hatte sie dabei auch die Streiche im Sinn, die ihr der Schriftsteller und Kabarettist Joachim Ringelnatz in diesen Tagen spielte, und die Kuttel-Daddeldu-Gesänge, die sie im Karussell mitanhören durfte. Aber Hiddensee war mehr als nur ein Hort der Freude und uneingeschränkter Glückseligkeit. Die Insel ist und war immer (auch zu DDR-Zeiten) ein Rückzugsort für Andersdenkende, ein intellektueller Freiraum.

Und bisweilen diente sie auch als Notausstieg aus einem extremen Leben wie beim Schriftsteller Hans Fallada. Sein Hang zum Alkohol, ständige Geldsorgen und das Gefühl, ausgebrannt zu sein, gefährdeten unter anderem die Fertigstellung seines Romans *Kleiner Mann – was nun?*. 1931 fand er Zuflucht auf Hiddensee, wo er im Neuendorfer Gasthaus Freese ein Zimmer in der oberen Etage bezog. Im Wechsel von langen Spaziergängen, Bernsteinsuche und konzentriertem Schreiben vollendete er den Roman. Genau dieses Werk sollte es sein, welches Fallada zu Weltruhm verhalf.

Aber es waren nicht nur Schriftsteller und Schauspieler, die sich von der Ruhe, Abgeschiedenheit und Schönheit Hiddensees inspirieren ließen. Unzählige Maler und »Malweiber« suchten hier zwischen Sanddornbüschen, Strandbuhnen und Insulanern nach ihrem Wunschmotiv, künstlerischer Emanzipation und Geselligkeit. Dadurch verdankt die Insel Hiddensee Elisabeth Büchsel und den anderen Malerinnen des *Hiddensoer Künstlerinnenbundes* eine Reihe von Porträts und Genrebildern. Ihr beliebter Treffpunkt war die Blaue Scheune in Vitte. Auch heute lockt der Zauber der Insel Künstler und Selbstverwirklicher, Neureiche und Intellektuelle an. Ob auch sie nachhaltig ihre Spuren im Sand von Hiddensee hinterlassen können, wird die Zeit zeigen.

Erleben Sie eine Führung mit Ute Fritsch rund um die Künstler der Insel, voller Geschichten und Anekdoten. (www.kuenstlerinsel-hiddensee.de)

72

Hafen und Strand Neuendorf
18565 Neuendorf
www.seebad-hiddensee.de

Zu Gast bei den Südern

Vom Fährhafen zum Strand

Es ist Anfang Oktober. Ich stehe an der Reling und halte Ausschau nach »Dat söte Länneken«, wie die Einheimischen die Insel Hiddensee liebevoll nennen. Hier möchten wir einige Urlaubstage verbringen. Während die Fähre festmacht, entdecken wir unsere Vermieterin. Sie führt einen Bollerwagen mit sich, da Hiddensee autofrei ist. Unser Koffer findet ausreichend Platz. Wir verlassen den Hafen und wenden uns dem Deich zu.

»Von wo kommen Sie?«

»Aus Binz«, sage ich und erwarte eine Reaktion wie: »Ach so, Binz!«

Stattdessen bleibt die Dame abrupt stehen. »Binz? Da haben Sie aber eine Menge Hektik und Lärm hinter sich. Na, da können Sie sich hier bei uns aber mal richtig ausruhen.«

Zuerst glaube ich, sie nimmt mich auf den Arm. Aber in ihrem Gesicht entdecke ich keine Spur von Ironie. Eher Mitgefühl. Gut, dass wir ihr nicht gesagt haben, dass wir aus Wien hierher gezogen sind …

Die Ferienwohnung liegt gleich hinter dem Deich. Die Beschreibung des Reiseliteraten Paul Schneider von 1920 trifft auch noch heute zu: »Da gibt es keine staubige Landstraße und kein Aneinanderdrängen der Häuser. Jedes steht für sich allein, durch einen weiten Zwischenraum von den Nachbarn getrennt. Alle sind rings umgeben von saftiger Wiese, sodass der Fuß wie auf grünem Samt dahingeht.«

Wenig später sind wir im Besitz von zwei Fahrrädern und radeln sofort los. Am Leuchtturm Gellen lassen wir sie stehen. Eine meditative Ruhe umhüllt uns. Nur hier und da hören wir leise Rufe von Graugänsen, die ihren Ruheplatz für die Nacht einnehmen. Am Strand sind wir dann ganz allein. Die Strahlen der untergehenden Sonne streicheln über die Buhnenköpfe, die in endlosen Reihen aus der glatten See ragen.

Lange sitzen wir da. Erst der kühle Abendwind erinnert uns daran, dass morgen auch noch ein Tag ist. Die Graugänse schlafen bereits, als wir im Schein der Fahrradlampen heimwärts radeln.

Wenn Sie es einrichten können, besuchen Sie Hiddensee im September. Dann blüht zwischen Neuendorf und Vitte die Heide wunderbar rotviolett.

HANSESTADT STRALSUND

Aber mich, die Hansestadt Stralsund, zu finden, ist ja auch nicht wirklich schwer. Allein meine Silhouette ist unverwechselbar, da sie von drei prächtigen Kirchtürmen bestimmt wird: St. Jacobi, St. Nikolai und St. Marien. Wunderbare Backsteingotik, die heute zum Weltkulturerbe zählt.

Aber lassen Sie mich der Reihe nach erzählen. Einst gab es eine Insel im Sund. Groß genug, fest genug und sicher genug, um darauf zu siedeln. Slawische Fischer und Fährleute ließen sich als Erste nieder. Und sie machten ihre Sache gut, denn 1234 war um den Alten Markt herum bereits eine stattliche Siedlung entstanden, welcher der Rügen'sche Slawenfürst Witzlaw I. das Stadtrecht verlieh. Jetzt ging es stetig voran. Ich bekam eine eigene Flotte und rührige Kaufleute schickten Waren ins Baltikum, nach Skandinavien und Westeuropa. Im Gegenzug kamen Waren von dort hierher. Ich wurde größer und stärker.

Das rief Neider auf den Plan. Die Lübecker schickten 1249 gleich ein ganzes Heer, um meine Einwohner zu vernichten. Aber nichts konnte sie beugen, nicht mal der große Stadtbrand von 1271. Im Gegenteil, unter der Führung des 24-köpfigen Rats, der sich aus den reichsten und einflussreichsten Patriziern zusammensetzte, stieg ich zu einer mächtigen und unabhängigen Stadt auf. Als die Dänen ihre Vormachtstellung im Ostseeraum militärisch erzwingen wollten, brauchten meine Einwohner Verbündete, um sich durchzusetzen. Diese fanden sie im Städtebund der Hanse; so konnte Dänemark Einhalt geboten und der gesamte Handel auf der Ostsee beherrscht werden. Prächtige Gebäude entstanden, unter anderem das Rathaus, mit seiner fein gegliederten Fassade und den fantastischen Giebelhäusern. Und dann? 30 Jahre Krieg. Darunter die Belagerung durch das Heer von Wallenstein 1628. Den wurden wir zwar wieder los – aber zu welchem Preis! Ich musste meine Souveränität aufgeben und mich den Schweden anschließen.

Und nicht nur das! Sie machten aus mir eine Festung: Fette Mauern, Türme, Schanzen und immer wieder Belagerungen, Zerstörungen, dazu die Pest und später die Fremdherrschaft durch Napoleon. Das war keine gute Zeit für meine Einwohner und mich. Dann im Jahre 1815 ein Lichtstreif am Horizont. Dank des Wiener Kongresses wurde ich nun preußisch. Es ging etwas aufwärts. Die kaiserliche Marine übernahm den Dänholm und die Vorstädte entwickelten sich. Doch selbst als die Berliner ihre Sommerfrische an die Ostsee verlegten und ich durch den Bäderverkehr zum Tor für Rügen wurde, erfüllten sich meine Erwartungen, an die Erfolge früherer Zeiten anzuknüpfen, leider nicht. Sicher kamen hier und da Besucher, um meine wunderschöne Altstadt zu bewundern. Aber selbst die blieben ab Oktober 1944 weg, als mein Zentrum nach einem schweren Bombenangriff in Trümmern lag.

Ehrlich, ich dachte, es wäre alles vorbei. Aber meine Einwohner rappelten sich auch diesmal wieder auf. Sie räumten die Trümmer weg und überraschten mich mit der Gründung der Volkswerft. Wie Sie ja wissen, liebe ich Schiffe über alles. Leider hatten die offiziellen Gremien eigenwillige Vorstellungen davon, wie die Bürger wohnen sollten. Denn während auf der grünen Wiese Neubauviertel entstanden, verfielen die restlichen, historisch wertvollen Häuser in der Altstadt. Glücklicherweise lag manchen Menschen meine Altstadt am Herzen und sie kämpften aufopferungsvoll dafür, dass die Häuser nicht abgerissen, sondern erhalten blieben.

Und soll ich Ihnen was sagen? Sie betrieben nicht nur oberflächliche Kosmetik, sondern nahmen eine Generalsanierung vor. Und als ich dann 2002 zum Weltkulturerbe der UNESCO ernannt wurde, ich sage Ihnen, ich war unglaublich stolz, als ich mein Spiegelbild im Wasser betrachtete. So schön, so strahlend. Eine wahre Perle an der Ostsee. Besuchen Sie mich mal!

73

Brasserie Grandcafe Stralsund
Neuer Markt 2
18439 Stralsund
03831 703514
www.brasserie-stralsund.de

EIN HAUCH VON PARIS

Brasserie Grandcafe

Es schüttet wie aus Eimern. Doch Dank der Scheibenwischer haben wir schnell wieder freie Sicht auf die Kirchtürme Stralsunds, die frech ihre Spitzen in die tiefhängenden Wolken bohren, als wollten sie fragen: »Na, kommt da noch was?« Leider ja! Auf den Pfützen tanzen Wasserblasen, als wir durchnässt den Neuen Markt erreichen.

Wenigstens das richtige Wetter, um mit Freunden in Ruhe Mittag zu essen, stellen wir fest und flüchten in eines der wunderschön restaurierten Bürgerhäuser, die nach der politischen Wende 1989 zu neuem Leben erwachten. Unter Berücksichtigung von Denkmalschutzauflagen und Verwendung historischer Baustoffe wurden hier einmalige Zeugnisse hanseatischer Stadtarchitektur aus der Blütezeit Stralsunds erhalten.

Die Brasserie, in der wir verabredet sind, liegt im Erdgeschoss eines dieser Häuser. Wie der Name verrät, zelebriert das Lokal französischen Chic und Gastfreundschaft. Da wir in Paris schon Zeit verbringen durften, sind wir auf französisches Flair inmitten von Stralsund sehr gespannt. Man führt uns zu einem Tisch, der etwas erhöht steht, und interessiert schauen wir uns im Restaurant um. Es ist mit sehr viel Liebe zum Detail eingerichtet. An den dunkel getäfelten Wänden hängen Spiegel mit dicken Goldrahmen und Reproduktionen französischer Impressionisten, die ja bekanntlich einen eigenen Blick auf ihre Umgebung hatten. Dazwischen laden weiche Lederstühle ein, doch ein bisschen länger zu verweilen. Ein farbiger Glasbaldachin in zentraler Lage dient als Blickfang und lenkt gleichzeitig die Aufmerksamkeit auf den angrenzenden Wintergarten. Dieser ist ausgesprochen hell für einen Regentag und gemütlich mit Bistromöbeln eingerichtet. Mein Lieblingsessen hier, gezaubert von Silvio Heinzius, bestelle ich auch heute wieder: Matjesfilet in Aalrauch mit hausgemachter Remoulade, Apfelspalten und Bratkartoffeln.

Wie wäre es mit ein wenig Stadtgeschichte? Das kulturhistorische Museum ist nur wenige Schritte entfernt im zauberhaften Katharinenkloster untergebracht.

74

Meeresmuseum Stralsund
Katharinenberg 14–20
18439 Stralsund
03831 2650210
www.meeresmuseum.de

Besuchen Sie auch das
Ozeaneum Stralsund
Hafenstraße 11
18439 Stralsund
03831 2650610
www.ozeaneum.de

MIT DEM MEER AUF AUGENHÖHE

Meeresmuseum

Erinnern Sie sich noch an Jacques Cousteau? Den Mann mit roter Wollmütze und dem legendären Schiff, der Calypso? Ich weiß nicht mehr, wie oft ich vor dem Fernseher saß und mir *Die Geheimnisse des Meeres* angeschaut habe. Zuerst nur in Schwarz-Weiß, später in Technicolor. Es war spannend und lehrreich, der Kamera in das Reich ohne Sonne zu folgen, in dem Tiere und Pflanzen lebten, die ich nie zuvor gesehen hatte.

Dann kam der Tag, an dem mich meine Eltern mit ins Meereskundemuseum nahmen. Ich erinnere mich noch genau an den roten Backsteinbau und das große Finnwalskelett, das in der Halle über uns schwebte. 15 Meter lang und 1.000 Kilo schwer – dabei soll es noch ein junges Tier gewesen sein, das 1825 an der Westküste Rügens gestrandet war. Genauso in Erinnerung blieb mir der Blick auf den Meeresgrund. Mithilfe eines Reliefs wurde verdeutlicht, dass sich dort weite Tiefseeebenen mit gewaltigen Unterwassergebirgen abwechseln und sich durch tektonische Spannungen in der Erdkruste mächtige Tiefseegräben aufgetan hatten. Der Höhepunkt jedoch waren die Meerwasseraquarien! Anstelle der Mattscheibe trennten mich hier nur wenige Millimeter Glas von den Lebenswelten der Meeresbewohner. Ich sah Schwärme von bunten Tropenfischen in farbigen Korallenriffen und begriff, dass Fernsehen und Technicolor nur ein schwacher Ersatz für das unmittelbare Erleben von Natur und Farben sein konnten.

Heute stehe ich vor Licht durchfluteten riesigen Acrylglasaquarien, in denen Meeresschildkröten und Haie leben. Dank neuester Materialien und Museumskonzepte ist die Präsentation der Meereswelten noch anschaulicher geworden. Auch Jaques – eine Puppe, die mir irgendwie bekannt vorkommt – hilft dabei erfolgreich mit. Sie erklärt den Kindern Wissenswertes rund ums Thema Ozean und lädt sie zu Entdeckungstouren ein. Manches ändert sich eben nie …

Kaufen Sie sich das Kombiticket Meeresmuseum Ozeaneum. Es lohnt sich! Die Museen ergänzen sich hervorragend in der Präsentation maritimer Lebenswelten.

75

Der Alte Markt von Stralsund, Mittelpunkt der **historischen Altstadt**

Tourismuszentrale der Hansestadt Stralsund
Alter Markt 9
18439 Stralsund
03831 252340
www.stralsundtourismus.de

Leute, Leute, lasst euch sagen …

Historische Altstadt

Obwohl es noch hell ist, zündet der Mann seine Handlaterne an. Ordnung muss sein. Erst recht als Nachtwächter. Moment, werden Sie jetzt denken. Wo in Deutschland gibt es heute noch Nachtwächter?

In Stralsund, von Mai bis Oktober, abends für rund anderthalb Stunden. So lange dauert nämlich die Stadtführung, die Sie in Begleitung des Nachtwächters unternehmen können. Dabei erfahren Sie mancherlei Geschichte, die nicht an jeder Hausecke in Stralsund zu hören ist. Zum Beispiel die Sache mit der Unnützen Straße. Sie erhielt ihren Namen durch gewollte Falschschreibung. Denn im Mittelalter waren hier Prostituierte ansässig, woraus sich der Name »Nüttze Strate« ergab. Nachdem die Prostituierten von dort vertrieben waren, sollten die neu ansässigen Bürger keinen Schaden durch den Straßennamen nehmen, also wurde er kurzerhand abgewandelt.

Während wir weiter durch die Gassen der Altstadt rund um den Alten Markt schlendern, erfahren wir mehr über Diebe, Mörder und die Intrigen hoher Ratsherren. Karsten Sarnow war einer von ihnen. 1391 besiegte er Piraten, die auf der Ostsee ihr Unwesen trieben, und brachte sie in Fässer gesteckt auf den Marktplatz. Das Volk jubelte und machte ihn zum Bürgermeister. Doch den reichen Patriziern war der politische Aufsteiger ein Dorn im Auge. Sie intrigierten gegen ihn, was zwei Jahre später zur Hinrichtung Sarnows führte. Ehrfürchtig lasse ich meinen Blick über den Alten Markt, den Turm der St.-Nikolai-Kirche und die Backsteinfassade des Rathauses schweifen. Ratsrecht wurde auf diesem Platz gesprochen, es wurde gehandelt und verhandelt. Der Widerstand gegen Wallenstein und den Kaiser nahm hier seinen Anfang und so mancher fand beim Gang aufs Schafott an diesem Ort sein Ende.

Der Mann löscht das flackernde Licht. Und wollt ihr mehr wissen, so lasst euch sagen, den Nachtwächter müsst ihr befragen.

Lernen Sie die vielen Gesichter der Stadt bei einer Hafenrundfahrt, bei einer Stadtführung, von der Kirchturmspitze aus oder im Museum kennen.

76

Gorch Fock (I)
An der Fährbrücke
18439 Stralsund
03831 666520
www.gorchfock1.de

WENN TRÄUME SEGELN LERNEN

Die Gorch Fock (I)

Wulf Marquard, Schiffseigner und Vorsitzender des Vereins *Tall Ship Friends* hat einen Traum. Eines Tages soll die Gorch Fock (I) ihren Liegeplatz im Stralsunder Hafen verlassen und zu einem Segeltörn über die Weltmeere aufbrechen. Aber bis es so weit ist, gibt es viel zu tun. Denn das Schicksal hat es mit dem 1933 in Hamburg vom Stapel gelaufenen Segelschulschiff der Deutschen Marine nicht immer gut gemeint. Im April 1945 in Stralsund versenkt, wurde das Schiff 1947 als Reparationsgut für die UdSSR gehoben und in den Werften in Rostock und Wismar in Stand gesetzt. Danach verließ die Bark die DDR und wurde 1949 Segelschulschiff der Handelsmarine. Jetzt hieß sie »Towarischtsch«, was so viel wie »Kamerad« bedeutet. Doch mit dem Ende der Sowjetunion versiegten auch die staatlichen Zuschüsse. Um den Schiffsbetrieb ab 1991 für die Seefahrtschüler aufrecht halten zu können, wurde das Schiff zahlungskräftigen Segelfreunden zugänglich gemacht. Doch die immer länger werdende Liste notwendiger Reparaturen zwangen die Ukraine 1999 zur Aufgabe des Schiffes. Der Segler strandete auf einem Liegeplatz in Wilhelmshaven.

2003 erwarb Wulf Marquard die Bark und ließ sie nach Stralsund verfrachten. Hier unterzog man den Segler ersten notwendigen Reparaturen und taufte ihn zurück auf seinen alten Namen: Gorch Fock (I). Seitdem wurden unzählige Arbeitsstunden und mehr als 1,5 Millionen Euro in den Wiederaufbau des Seglers investiert, der mittlerweile ein Museumsschiff ist.

Für meinen Freund Roland aus Wien ging bei seinem Besuch hier ein Kindheitstraum in Erfüllung. Einmal im Leben wollte er am Doppelruder der Gorch Fock (I) stehen. Nun sei es mir erlaubt, auch Wulf Marquard zu wünschen, dass sich sein Traum vom Segeltörn bald erfüllt und das Kommando »Leinen los!« seinem Segler, der Gorch Fock (I), gilt.

Alle Decks des Schiffes sind zugänglich. Wer möchte, kann Segelsetzen lernen, auf die Mars des Großmastes aufentern oder den Maschinenraum besichtigen.

77

Auf dem **Dänholm** immer einen Besuch wert:

Nautineum
Zum Kleinen Dänholm
18439 Stralsund
03831 2650355
www.nautineum.de

Stralsund Museum
Mönchstraße 25–28
18439 Stralsund
03831 253600
www.stralsund-museum.de

DAS INSELCHEN HINTER DEM ZIEGELGRABEN

Dänholm

Nun grüßt er in Neukamp wieder von seiner »Preußensäule« herunter, Brandenburgs »Großer Kurfürst« Friedrich Wilhelm. 1678 war er leibhaftig hier, als er mit einer Flotte über den Greifswalder Bodden setzte, um an der Südostküste Rügens anzulanden und sich mit den Dänen gegen die Schweden zu verbünden. Die Schlacht verlief erfolgreich. Trotzdem musste Preußen bis 1815 auf Stralsund warten.

Leider ist die Preußensäule mit 22 Metern ein wenig zu niedrig, sonst könnte Friedrich Wilhelm einen Blick hinüber zum Dänholm werfen. Die kleine Insel im Strelasund zwischen Stralsund und Rügen war über die Jahrhunderte heiß umkämpft von Dänen, Schweden, Preußen und den Stralsundern selbst. Zuerst wurde sie nur landwirtschaftlich genutzt, aber bereits 1628 unter Wallenstein erkannte man den strategischen Wert dieses Eilandes. Von da an wurde geschanzt und gemauert, abgetragen und geschliffen. Den Schlusspunkt setzten die Preußen mit der Errichtung der Sternschanze. Und damit es auch etwas zu schützen gab, wurde der Dänholm Wiege der preußischen Marine. Ein Hafen wurde angelegt, Bootsschuppen und Unterkünfte errichtet. Über die Jahre wurde aus der Preußischen Marine die Kaiserliche Marine, dann die Kriegsmarine. Es folgten die Volksmarine der DDR und die Bundesmarine, die am 31. März 1991 den Dänholm räumte.

Heute ist in den Kasematten der Sternschanze der Frieden eingezogen. Militärisch geht es nur noch in den Ausstellungen des Marinemuseums zu. Und gleich nebenan verweist das Nautineum anschaulich auf die friedliche Nutzung und Erforschung der Meere. Während ich den in Sandstein gemeißelten Kurfürsten so betrachte, denke ich mir, dass er auch im Unterwasserlabor oder an Bord eines Zeesenbootes keine schlechte Figur gemacht hätte. Ob man ihn dafür auf eine Säule gestellt hätte, weiß ich nicht.

Im Sommer fährt die Weiße Flotte von Stralsund aus den Dänholm an, sodass man während der Überfahrt die Skyline der Stadt vom Wasser aus betrachten kann.

G.O. 94
G.O. 013
G.O. 096
088
G.O. 058
G.O. 115
G.O. 029
G.O. 016
G.O. 128
G.O. 015

G.O. 081
G.O. 035
G.O. 174
G.O. 104
G.O. 024
G.O. 071
G.O. 053
G.O. 006

Bernhard Spring
Todesnacht auf Rügen
312 Seiten, 12,5 x 20,5 cm
Broschur
ISBN 978-3-8392-0421-4
€ 15,00 [D] / € 15,50 [A]

Seine Freundin Julia liebt Rügen, bei Stefan Wolff hingegen kommt am Strand von Binz noch lange keine Urlaubsstimmung auf. Der Lehrer interessiert sich viel mehr für die illustren Dauergäste – allesamt älter und äußerst wohlhabend – die im Hotel für allerhand Streitigkeiten sorgen. Als dann Katharina von Berg tot in ihrer Suite gefunden wird, erwacht in Wolff der Detektiv. Kann er in dem Gewirr von Lügen und Intrigen den Mörder der Millionärsgattin stellen?

WEITERE LIEFERBARE

ISBN 978-3-8392-0044-5

ISBN 978-3-8392-2730-5

ISBN 978-3-8392-2613-1

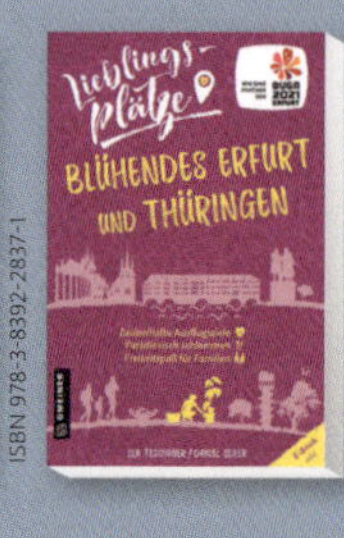

ISBN 978-3-8392-2837-1

ISBN 978-3-8392-2616-2

ISBN 978-3-8392-2632-2

ISBN 978-3-8392-2733-6

ISBN 978-3-8392-2731-2

ISBN 978-3-8392-2732-9

ISBN 978-3-8392-2628-5

ISBN 978-3-8392-2621-6

ISBN 978-3-8392-2885-2

ISBN 978-3-8392-2625-4

ISBN 978-3-8392-2838-8

ISBN 978-3-8392-2630-8

ISBN 978-3-8392-2631-5

ISBN 978-3-8392-2928-5

ISBN 978-3-8392-2929-3

ISBN 978-3-8392-2932-3

ISBN 978-3-8392-2931-6

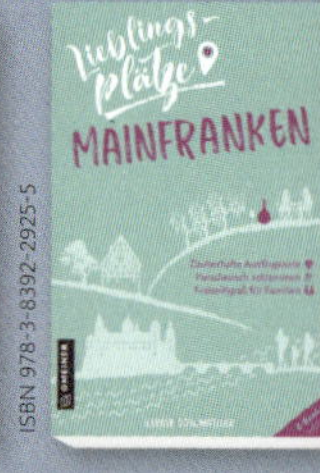

ISBN 978-3-8392-2925-5

ISBN 978-3-8392-2619-3

ISBN 978-3-8392-2618-6

ISBN 978-3-8392-2615-5

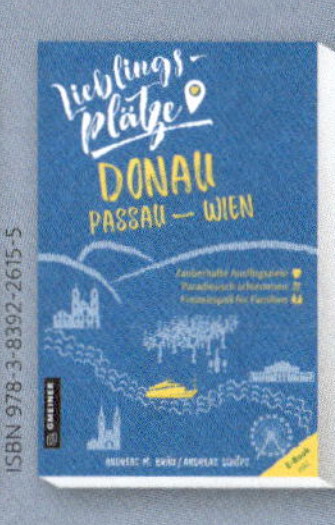

ISBN 978-3-8392-2629-2

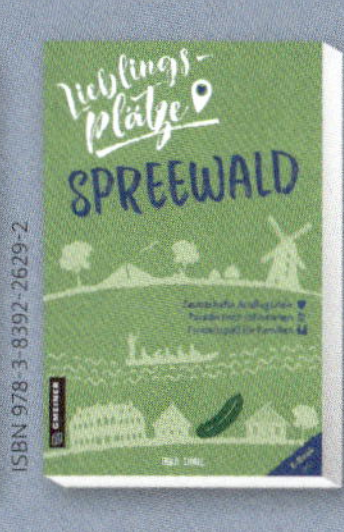

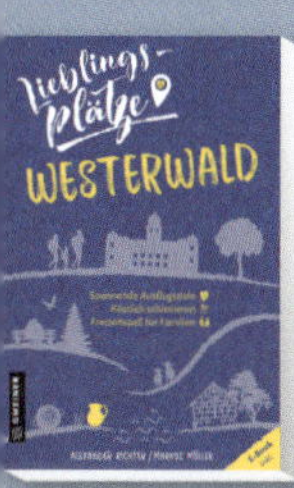

ISBN 978-3-8392-2627-8

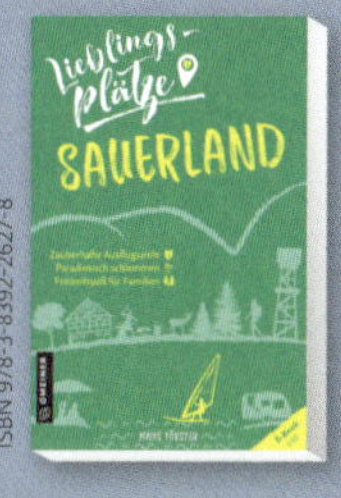

ISBN 978-3-8392-2617-9

ISBN 978-3-8392-2635-3

ISBN 978-3-8392-2633-9

ISBN 978-3-8392-2405-2

ISBN 978-3-8392-2614-8

ISBN 978-3-8392-2839-5

ISBN 978-3-8392-2624-7

ISBN 978-3-8392-2611-7

ISBN 978-3-8392-2545-5

ISBN 978-3-8392-2620-9

ISBN 978-3-8392-2634-6

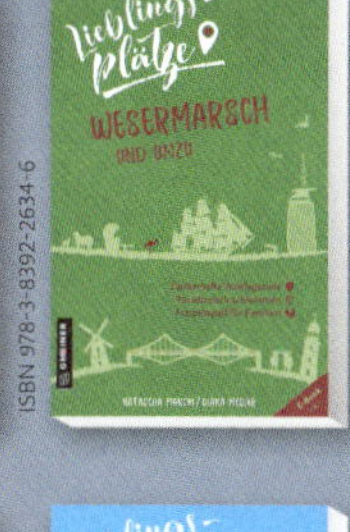

ISBN 978-3-8392-2927-9

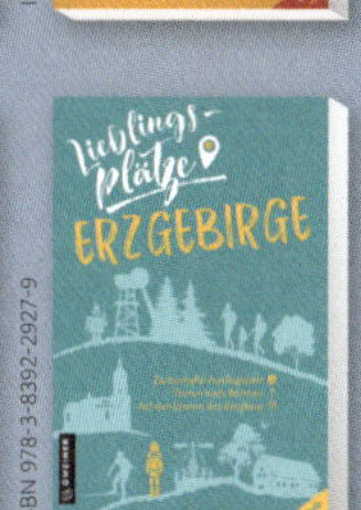

ISBN 978-3-8392-2926-2

ISBN 978-3-8392-2924-8

ISBN 978-3-8392-0043-8